Adam Martín ———

cocina
flexitariana

Menús flexitarianos para 21 días

ediciones

Lectio

Primera edición: febrero del 2017

© Adam Martín Skilton

© de la edición:
9 Grupo Editorial
Lectio Ediciones
C/ Muntaner, 200, ático 8ª – 08036 Barcelona
Tel. 977 60 25 91 / 93 363 08 23
lectio@lectio.es
www.lectio.es

Diseño y composición: carlarossignoli.com

Fotografías de las recetas: Carlos Marsellés (fotos) /
Joana Tormo (estilista y *home-economist*)

Impresión: Leitzaran Grafikak

ISBN: 978-84-16012-97-8

DL T 14-2017

Sé flexible y te mantendrás recto
Lao Tse

—

índice ——

LOS *FLEXIS* SE ESTÁN PONIENDO DE MODA. Tanto es así que se cree que dentro de un par de años habrá un 50% más en todo el mundo. El porqué está claro: la opción flexitariana proporciona una dieta equilibrada y saludable sin tener que sufrir por ser vegetarianos estrictos y, además, se parece mucho más a nuestra tradición gastronómica tradicional. Pero, ¿en qué consiste, exactamente, la dieta flexitariana? ¿Qué tenemos que cambiar para introducirla en nuestros menús diarios? ¿Qué beneficios aporta?

El mundo de las dietas está lleno de etiquetas: vegana, vegetariana, macrobiótica, mediterránea, paleo, *raw*, dieta del grupo sanguíneo, del pH, de la proteína o de la alcachofa son algunas. Unas solo sirven para poner nombre a tendencias alimentarias muy antiguas, como el veganismo, el vegetarianismo o la dieta mediterránea; otras son adaptaciones de dietas tradicionales pasadas por la criba de la ciencia —ya sea la oriental o la occidental—, como la macrobiótica o la dieta paleolítica; las hay que son inventos modernos basados en aspectos concretos de la ciencia de la nutrición, como la dieta del pH, la *raw* o la de la proteína, y finalmente están los inventos extraños, como la dieta de la alcachofa.

¿Y EL FLEXITARIANISMO?

El nombre, desconocido para la mayoría de personas hasta hace un par de años, se usó por primera vez en los 90 y es una etiqueta más, pero muy útil. Sirve para definir una amplia variedad de dietas o estilos alimentarios tradicionales y nuevos de todo el mundo que tienen una cosa en común: están basadas sobre todo en productos vegetales, en pequeñas cantidades de pescado de vez en cuando y en la ingesta de carne de manera excepcional. De hecho, se parece mucho a la dieta de nuestros bisabuelos, que comían cereales, legumbres y verduras y que dejaban la carne para las celebraciones importantes; por lo tanto, la dieta mediterránea también es una dieta flexitariana.

A esta dieta también se la llama semivegetariana o vegetariana flexible: muchas personas son estrictamente vegetarianas entre semana y el fin de semana comen un poco de carne. Los vegetarianos que no quieren o no pueden prescindir del jamón de bellota —hay unos cuantos, os lo aseguro— también son *flexis*.

El flexitarianismo nos permite, como bien dice la palabra, ser flexibles y adaptarnos a situaciones concretas: por ejemplo, los suegros

nos invitan a su casa por primera vez y hacen canelones o un asado,
porque no queremos quedar mal y bla-bla-bla; o vamos a un almuerzo de
trabajo en un restaurante donde la única opción vegetariana es una triste
ensalada de la casa. Ser *flexi* nos proporciona una coartada amable para
podernos relajar un poco y no tener que convertir nuestra dieta en una
religión o una nueva fuente de dogmatismo. Sé de lo que hablo porque
yo mismo he sido miembro durante mucho tiempo de este grupo. Hay
que ser estrictos, sí, pero también es importante darnos un margen de
flexibilidad para no sufrir con la alimentación saludable.

¿TENDREMOS QUE PRESCINDIR DE ALGÚN ALIMENTO? —

El flexitarianismo nos permite seguir comiendo de todo, siempre que sea saludable, pero cambiando las proporciones y comiendo más productos vegetales que antes y muchos menos productos animales. Lo que era el complemento del plato —aquellas cuatro verduras— ahora será el protagonista absoluto, y lo que antes ocupaba más espacio ahora lo sustituiremos por otros alimentos, y estará presente en cantidad mucho menor. Con esto conseguiremos reducir nuestro gasto semanal y también mejoramos nuestra salud y la del medio ambiente. Más adelante explicaré qué relación existe entre el consumo de carne y la salud del planeta.

A pesar de que estrictamente no forma parte de la dieta flexitariana, también es importante reducir drásticamente el consumo de azúcar y de productos refinados —como la bollería industrial, el pan de molde industrial, etc.— y la leche y los lácteos en general.

La Organización Mundial de la Salud (OMS) recomienda que el consumo de azúcares añadidos —aquellos que no están presentes en el alimento de manera natural y que los fabricantes añaden a los alimentos y a las bebidas; es obligatorio enumerarlos en la etiqueta de los alimentos— no supere el 10% del total de la ingesta calórica diaria, unos 50 g al día. Pero, además, la OMS va más allá y considera que ingerir solo 25 g de azúcar (unas 6 cucharadas de las más pequeñas) proporcionaría "beneficios añadidos para la salud". Para que os hagáis una idea, un refresco normal suele contener entre 30 y 40 g de azúcares añadidos, y 1 cucharada de ketchup, 4 g. Cómo veis, ¡es muy fácil superar los 50 g de ingesta máxima de azúcares!

También es una buena idea comer menos productos elaborados con trigo, o incorporar a la dieta trigos antiguos, como la espelta, el *tritordeum* o el kamut, variedades mucho menos alérgenas que el trigo moderno.

¿Y QUÉ COMEREMOS QUE NO COMIÉRAMOS ANTES? —

Puesto que comeremos menos carne, hará falta que obtengamos la proteína completa o de alto valor biológico de otros alimentos. Es muy sencillo hacerlo, porque además del pescado, los huevos y los lácteos (que recomiendo tomar con moderación y, si puede ser, fermentados, como el yogur) hay muchos productos que te proporcionarán proteína de alto valor biológico, como el *tempeh*, el seitán elaborado con salsa de soja, el tofu, la quinoa, el amaranto o el quorn (a pesar de que este último todavía es difícil de encontrar en nuestro país y no es tan saludable como los demás). Además, las combinaciones de legumbres y cereales integrales (por ejemplo, lentejas con arroz) y las combinaciones de legumbres con frutos secos o semillas (como el hummus de garbanzos, que combina los garbanzos con el sésamo) nos proporcionan proteína completa.

En este libro también aparecerán algunas recetas con algas, pero porque a mí me gustan mucho: no es indispensable comerlas, a pesar de que es una buena idea hacerlo porque contienen muchísimos y muy interesantes nutrientes indispensables para nuestra salud. Por cierto, hablando de algas: no todas provienen del Japón, como se suele creer erróneamente, hay muchas que son autóctonas.

Y A CAMBIO DE TODO ESTO, ¿QUÉ CONSEGUIREMOS?

Es difícil decirlo, porque cada persona es un mundo, pero en líneas generales está demostrado que nos encontraremos mucho mejor en casi todos los indicadores de salud, desde el peso corporal hasta el estado general de los órganos.

Los estudios nos dicen que las personas con dietas vegetarianas tienen más salud y menos probabilidades, por poner un ejemplo, de sufrir diabetes, colesterol o cáncer[1] que las personas que comen carne a menudo; pero los mismos estudios también apuntan a que las personas que comen muchos productos vegetales y carne muy de vez en cuando tienen la misma salud que las vegetarianas. Esto sugiere que el problema de la carne es la frecuencia y la cantidad más que la carne en sí misma. La OMS, que recientemente puso la carne procesada en el mismo grupo de productos cancerígenos que el tabaco o el alcohol, sugiere reducir drásticamente las raciones.

¿POR QUÉ 21 DÍAS, Y NO 15 O 30?

Puede parecer una cifra arbitraria, pero no lo es. La mayoría de psicólogos y expertos en cambios de conducta consideran que un hábito no se ha instaurado plenamente hasta que no lo hemos llevado a la práctica al menos 21 días seguidos. El primero que habló de esta teoría fue Maxwell Maltz

---

1. PILIS, Wiesław; STEC, Krzysztof; ZYCH, Michał, y PILIS, Anna (2014). "Health benefits and risk associated with adopting a vegetarian diet". *Roczniki Państwowego Zakładu Higieny* 65 (1): 9.

(1889-1975), un reconocido cirujano plástico de la Universidad Columbia (Nueva York, EE.UU.). En los años 50, se dio cuenta que sus pacientes seguían siempre el mismo patrón: después de modificarles algún rasgo facial —la nariz, los pómulos, las orejas— tardaban 21 días en acostumbrarse. Además, la mayoría de personas con miembros amputados que tenían el síndrome del miembro fantasma tardaban 21 días a sobreponerse.

Por lo tanto, probemos a cambiar la dieta durante 21 días… y la nueva dieta se habrá convertido en un hábito.

¿ES UNA DIETA EQUILIBRADA?

¡Ya lo creo! Si está bien hecha, sí. Ya hemos explicado que la dieta mediterránea se puede considerar *flexi*. Para saber qué dietas son saludables y equilibradas y cuáles no, tenemos que hacernos algunas preguntas, más allá de las simples etiquetas: ¿Tienen fecha de inicio y de final?, ¿Estamos obviando algún nutriente esencial?, ¿Hace falta que tomemos suplementos nutricionales para complementarla?, ¿Me encuentro peor desde que la sigo, ya sea física o anímicamente?

Si la respuesta a alguna de estas preguntas es afirmativa, desde mi punto de vista no es una dieta saludable. Una dieta tiene que ser para siempre y no cosa de unos días o de unos meses; en casos de sobrepeso y obesidad los cambios son algo más lentos, pero quedan bien fijados y nos ahorran el efecto rebote que se produce cuando se empieza de nuevo a comer como antes. La excepción son los casos de obesidad mórbida o grave, donde la urgencia para bajar de peso y la amenaza para la salud, o los trastornos alimentarios, son tan grandes que hace falta un tratamiento de choque.

MÁS ALLÁ DE LAS ETIQUETAS, ¿CÓMO TIENE QUE SER UNA DIETA EQUILIBRADA?

• Debe tener todos los nutrientes básicos en las proporciones adecuadas: macronutrientes (hidratos de carbono, proteínas y grasas) y micronutrientes (vitaminas, minerales y oligoelementos).
• También tiene que contener cantidades importantes de fibra; de enzimas vivos, que ayudan a la digestión; de fitoquímicos, sustancias solo presentes en los productos vegetales que tienen muchos beneficios para el organismo, y cantidades suficientes de agua.
• En la medida de lo posible, tiene que estar libre de agrotóxicos y otras sustancias de síntesis química: conservantes, colorantes, etc.
• Tiene que estar basada en productos frescos, y mejor si son de proximidad, porque contienen más nutrientes si han sido recogidos en el momento óptimo de maduración. Las alcachofas, por citar un ejemplo, las podemos encontrar en los mercados urbanos el mismo día en que se han recolectado. Y si no vivís en una gran ciudad, sospecho que el concepto de proximidad no hace falta ni que os lo explique.

Si comemos todo tipo de alimentos en cantidades suficientes, ni siquiera tendremos que pensar en vitaminas, minerales, grasas y todo esto que nos agobia tanto y que nos aleja de la eexperiencia placentera que representa comer.
  Cuando hayamos elegido un estilo alimentario, el siguiente paso es escuchar al cuerpo, porque no todas las dietas son aptas para todo el mundo. Aquí intervienen factores culturales, educativos y, los más importantes, metabólicos: no todos digerimos los mismos alimentos del mismo modo, aunque estemos igual de sanos, depende de la genética, de los enzimas del cuerpo, de las bacterias intestinales —de la cantidad y de los tipos que tengamos—, de la cantidad de zumo gástrico, de como hayamos comido, de las necesidades energéticas…
  Y por encima de todo, se añade un componente ético y de conciencia personal: lo que decidimos comer tiene efectos directos y palpables en la economía, la política, las personas, los animales y, además, el medio ambiente.

Y LOS ALIMENTOS, ¿CRUDOS O COCIDOS?

¡De ambas maneras! Hay que ser flexible. Si bien es cierto que los alimentos crudos, en especial las verduras, contienen más nutrientes que los cocidos, también es verdad que no todo el mundo es capaz de digerirlos y, por lo tanto, de aprovecharlos. En cambio, cocer determinados alimentos los hace más digestibles y nos permite ingerir más cantidad, aunque durante la cocción hayamos perdido nutrientes. Además, algunas sustancias, como el licopeno de los tomates, las aprovechamos mejor si las cocemos. Por lo tanto, lo mejor es combinar pequeñas cantidades de productos frescos con alimentos cocidos y obtener así lo mejor de ambos mundos.

¿QUÉ EFECTOS TIENE LA INGESTA DE CARNE EN EL MEDIO AMBIENTE?

Reducir la ingesta de carne se ha convertido en una prioridad para las autoridades sanitarias por dos razones: en primer lugar, porque un exceso de carne puede ser perjudicial para la salud, como ha dicho la OMS; en segundo lugar, porque las reses que hay en todo el mundo y que sirven para alimentar a millones de personas que comen carne cada día son una grave amenaza para el medio ambiente: comen cereales que serían útiles para el consumo humano, ocupan grandes extensiones de terreno que se podrían dedicar a cultivos, bosques o selvas y gastan una cantidad ingente de agua. Las cifras son brutales: para producir 100 gramos de ternera se necesitan 7.000 litros de agua. Para que puedas comparar, se necesitan 500 litros para producir el trigo de donde sale la harina para una ración de pan. Producir un bistec de 225 gramos consume tanta agua como las duchas de una persona durante todo un año, contando una ducha de 5 minutos diarios a razón de ocho litros/minuto. En España el consumo es de 50 kilogramos de carne al año de media: haz números.

El ganado también es uno de los principales causantes del efecto invernadero, porque es el responsable del 9% de CO_2 que se libera a la atmósfera y del 40% de metano. Además, para producir un kilo de carne necesitamos siete litros de petróleo crudo. Se calcula que en el mundo hay unos 4.300 millones de reses, así que cualquiera puede entender por qué es tan importante reducir el consumo de carne para el medio ambiente.

Para más inri, cada vez hay más países que incorporan la carne diaria en sus dietas, en especial China e India. Es totalmente insostenible.

{ Si padecéis algún trastorno de salud, como diabetes, alergias, problemas intestinales, colon irritable, cáncer, etc., mejor que consultéis antes con un médico **especialista en nutrición** o con un buen nutricionista o dietista, porque es muy probable que necesitéis una dieta específica para vuestro problema.

menús y recetas ——

menús ————

La mayoría de estas combinaciones contienen
proteína completa en cada comida, exceptuando
alguna excepción puntual. Son comidas fáciles
de digerir, con calorías cargadas de nutrientes
excepcionales, por lo tanto podréis repetir tantas
veces como queráis sin preocuparos por el peso o el
exceso de calorías: las calorías son muy importantes,
pero todavía lo es más la calidad de los alimentos.

Entre una comida y otra podréis optar entre
comer frutos secos, fruta, galletas de arroz o de maíz
o bocadillos de pan integral. Si coméis legumbres,
es mejor no ingerir fruta de postre porque a algunas
personas les puede entorpecer la digestión.

También es importante beber siempre que
tengamos sed y optar por agua, infusiones y
tés. Mejor dejar el vino para para las ocasiones
especiales y reducir drásticamente las bebidas
azucaradas.

DÍA 1

Desayuno

Pan integral con aceite, aguacate, gomasio, tomate, ajo negro y germinados

Comida

Ensalada de rúcula con garbanzos crujientes, pepino, aguacate y parmesano

Croquetas vegetales de arroz

Cena

Sopa thai picante con gambas

Fruta

DÍA 2

Desayuno

Bocadillo de *tempeh* con queso vegano

Comida

Cebiche de gambas y pulpo con verduras

Ensalada de espelta con corazones de alcachofa

Cena

Sopa de tomate y albahaca con queso

Filetes de tofu a la plancha

DÍA 3

Desayuno

Crema de avena (*porridge*)

Comida

Estofado de alubias blancas con verduras y *tahina*

Cena

Crema de coliflor con almendras

Salmón al vapor con chermula

Fruta

DÍA 4

Desayuno

Granola

Comida

Filetes de coliflor con vinagreta de aceitunas y ensalada de tomates y alubias

Quinoa con ajo y cebolla y dados de zanahoria

Cena

Crema de calabaza y coco con curri, pollo y pan crujiente

Fruta

DÍA 5

Desayuno

Pudin de semillas de chía, pera, higos secos y leche de almendras

Comida

Pastelitos de patata gratinados

Merluza al limón

Fruta

Cena

Crema de lentejas rojas con coco y pan tostado

DÍA 6

Desayuno

Barritas energéticas

Comida

Hummus de alubias blancas y cúrcuma

Cena

Coca de sardinas con espárragos

Fruta

DÍA 7

Desayuno

Muffins de plátano con melaza de arroz

Comida

Cebiche vegetal de champiñones

Arroz caldoso verde con calabacín

Cena

Parmentier de patatas y acelgas con crujiente de tallos de acelga

Seitán con espárragos

Trufas de cacao

DÍA 8

Desayuno
Smoothie de plátano congelado con frutos rojos y cacao

Comida
Ñoquis con albahaca, menta y piñones

Brocheta de tofu con cúrcuma y sésamo

Cena
Tallarines *soba* con espárragos, shiitake y wakame y marisco

Fruta

DÍA 9

Desayuno
Crema de avena

Comida
Arroz basmati con verduras

Hummus de brécol con almendras

Cena
Frittata de champiñones, queso de cabra y hierbas

Fruta

DÍA 10

Desayuno
Corn flakes eco sin azúcar con semillas y leche vegetal

Comida
Ensalada tibia de lentejas y col kale

Pastel de mijo con verduras

Cena
Vichyssoise de coco con frutos del mar

Fruta

DÍA 11

Desayuno
Paté de lentejas y pipas de calabaza con tostadas

Comida
Bacalao marinado de Mireia Anglada

Cena
Ensalada de hinojo con naranjas sanguinas y parmesano

Quinoa con ajo, cebolla y dados de zanahoria

DÍA 12

Desayuno
Creps de trigo sarraceno con nueces y melaza

Comida
Coles de Bruselas asadas con patatas, avellanas y *tempeh*

Cena
Pizza de higos, queso de cabra y rúcula

Fruta

DÍA 13

Desayuno
Bocadillo de *tempeh* con queso vegano

Comida
Piccata de pollo con alcachofas

Cena
Ensalada de trigo sarraceno con granada y hojas de perejil

Pan de payés con caballa en lata, espárragos y rúcula

DÍA 14

Desayuno
Corn flakes eco sin azúcar con semillas y leche vegetal

Comida
Vieiras con coles de Bruselas y jamón

Cena
Crema de alcachofas

Bol de guisantes con nueces y quinoa

DÍA 15

Desayuno
Pan integral con tomate y anchoas

Comida
Ensalada de judías verdes, legumbres y espinacas

Cena
Arroz con tofu y combinación de verduras *raw* al dente

DÍA 16
Desayuno
Pancakes con plátano y mermelada

Comida
Pastel de hojaldre con alcachofas tiernas, puerro y champiñones

Hamburguesas vegetales

Cena
Sopa de pollo con ñoquis, albahaca y queso parmesano

Fruta

DÍA 17
Desayuno
Pan de plátano, trigo sarraceno y dátiles

Comida
Risotto de cebada con hortalizas

Filetes de tofu a la plancha

Cena
Merluza con crema de judías verdes

Fruta

DÍA 18
Desayuno
Smoothie de matcha

Comida
Espaguetis a la sartén con kale, tomate y limón

Hummus de remolacha

Cena
Caballa con escabeche de limón

Fruta

DÍA 19
Desayuno
Crema de avena

Comida
Estofado de marisco con dados de polenta

Fruta

Cena
Pizza integral con puerros y alcachofas

DÍA 20
Desayuno
Bocadillo vegetal de pan de centeno

Comida
Crema de aguacate con pepino

Croquetas de *tempeh* con zanahorias

Cena
Pollo marinado con ensalada de espinacas y frutos secos

Copa de crema dulce con fruta

DÍA 21
Desayuno
Bocadillo de hummus con huevo

Comida
Cebiche de tomates con aguacate y coliflor

Ensalada rápida de calamar salteado

Cena
Alcachofas con guisantes y sopa de menta

recetas ———

Consideraciones previas
sobre las recetas y
los ingredientes

SER FLEXIBLES

Una receta no es un fórmula magistral; se pueden cambiar ingredientes y modificar algunas cantidades en función de vuestras preferencias. Es importante cocinar con libertad, experimentando y con la sensación de que, más que fórmulas cerradas, las recetas nos señalan caminos que debemos seguir. Esto tiene una excepción: cuando se trata de repostería hace falta respetar las indicaciones escrupulosamente.

Las cantidades son orientativas; comed según vuestras necesidades. Lo importante es mantener las proporciones de los diferentes grupos de alimentos.

ACEITE DE BUENA CALIDAD

Siempre que hablamos de aceite de oliva, nos referimos a aceite de oliva virgen extra de primera prensada en frío. Y si puede ser ecológico, mucho mejor. Es fundamental que los aceites que tomemos sean de la mejor calidad posible, tanto para la salud como para disfrutar al máximo con los sentidos.

MEDIDAS

1 cucharadita corresponde a unos 10 g; 1 cucharada corresponde a 1 cuchara sopera, aproximadamente unos 15 g.

HOJA VERDE

Mejor tener a mano siempre alguna hoja verde para redondear los platos y proporcionarles un toque de frescura y una dosis extra de vitaminas. La lechuga está bien, pero se pueden incorporar otras hojas, como los berros, la rúcula y otros brotes, mucho más interesantes desde el punto de vista nutritivo.

¿DÓNDE ENCUENTRO ESTE INGREDIENTE?

Es posible que algunos de los ingredientes os suenen poco o nada y que os parezca que será difícil encontrarlos. Actualmente, los supermercados ecológicos y los comercios de productos naturales tienen un surtido realmente sorprendente de productos poco conocidos. Y si en vuestro pueblo o ciudad esto no es así, en Internet hay decenas de sitios web que os llevarán a casa lo que queráis.

PIMIENTA RECIÉN MOLIDA

Es importante que esté recién molida, porque de este modo mantiene sus propiedades. También se puede usar pimienta ya molida, ¡faltaría más!

SAL MARINA SIN REFINAR

Es mucho mejor que la sal de mesa, porque contiene muchos más oligoelementos y el proceso de refinado ha sido mínimo.

índice de recetas

desayunos y postres

ensaladas, cremas y sopas

platos principales

Pollo

Legumbres

Pescado

cereales y hortalizas

desayunos y postres ————————

El desayuno es la comida más importante del día, porque determinará la ingesta calórica total que haremos a lo largo de la jornada y nos permitirá rendir al cien por cien hasta la hora de comer. Debe ser un desayuno completo y energético, con hidratos de carbono complejos, sobre todo cereales integrales, que son de absorción lenta y que nos proporcionan energía durante toda la mañana, con pequeñas cantidades de frutos secos (nueces, almendras, etc.), semillas (sésamo, calabaza, girasol, etc.) y fruta de temporada. Es importante que sea de fácil digestión y si puede ser cocido, mejor. No hace falta que siempre sea dulce, también puede ser salado. Lo mejor son las cremas de cereales integrales (mijo, arroz, avena), pero un buen bocadillo integral también es una buena opción, junto con creps, pancakes o barritas caseras, siempre que contengan ingredientes saludables. Es importante evitar los cereales procesados que contengan azúcar añadido u otros edulcorantes y no abusar de los zumos de fruta, sobre todo de los procesados.

Se pueden acompañar todos estos desayunos con té verde, infusiones o café de cereales, o con un smoothie o un buen zumo verde: Carla Zaplana tiene un par de libros fantásticos con muchas recetas de zumos y batidos verdes. Solamente es necesario vigilar la cantidad de zumo que tomamos (no hace falta un vaso enorme) y prescindir de ellos en los días de mucho frío o si notamos que nos cuesta digerirlos. También deben estar bien equilibrados, con mucha más cantidad de verdura que de fruta: puesto que los zumos de fruta no contienen la fibra de las frutas, solo la parte líquida, sus azúcares se metabolizan demasiado deprisa.

PATÉ DE LENTEJAS Y PIPAS DE CALABAZA

500 g de lentejas cocidas

Un puñado de semillas de calabaza crudas,
en remojo durante 2 horas

Aceite de oliva

1 cucharada de *tahina* tostada

1 cucharadita de curri

1 cucharadita de levadura nutricional

Sal marina

---

1 Triturar todos los ingredientes con un robot de cocina o una trituradora, esparcir encima de una tostada de pan integral y ya está listo.

+ SUPERALIMENTO: LA LEVADURA NUTRICIONAL La levadura nutricional se obtiene de la mezcla purificada de melazas de caña y remolacha, lavadas, pasteurizadas y secadas. El resultado es un producto muy nutritivo y saludable, que aporta proteínas completas, hierro, fósforo, zinc, magnesio, cromo, fibra y vitaminas. Tiene un sabor salado, que recuerda remotamente a las nueces y al queso. Se puede añadir a cualquier plato para mejorar sus propiedades y su sabor y es un ingrediente habitual de los quesos veganos.

Se puede encontrar en cualquier herbolario y comercio especializado.

COPA DE CREMA DULCE CON FRUTA

1 taza de fresones

1 taza de frambuesas

2 melocotones

2 kiwis

½ melón

4 tazas de leche de arroz

2 cucharadas de melaza de arroz

Ralladura de una naranja ecológica y su zumo

2 ramitas de canela

4 cucharadas de harina de garbanzos, de maíz o de kudzú

Sal marina

1 cucharada de cacao en polvo (opcional)

---

1 Cortar las frutas en dados o trozos medianos, ponerlas en un bol o fuente de cristal con el zumo de naranja y un poco de sal, mezclarlo todo bien y dejarlo macerar unos 30 minutos.

2 Mientras tanto, preparar la crema dulce. Calentar la leche de arroz en una cazuela con la canela, la ralladura de naranja y la melaza de arroz.

3 Disolver la harina o el kudzú en un vaso con un poco de agua o leche de arroz frías y echarlo a la cazuela sin dejar de remover, hasta que esté bien espeso. Después dejarlo enfriar totalmente.

4 Cubrid un tercio de una vaso de cristal ancho o un recipiente similar con la mezcla de frutas, un tercio con la crema dulce y otro tercio con más fruta. Si os apetece, podéis decorarlo con un poco de cacao en polvo por encima.

Observaciones y trucos

Naturalmente, podéis cambiar las frutas y poner las que os apetezcan más, pero es interesante que haya frutos rojos, alguna baya o también *açai*, si lo encontráis, por sus interesantes propiedades nutricionales.

Se deja macerar la fruta para que se impregne con el sabor del zumo de naranja, pero también para que el ácido cítrico que contiene y la sal la hagan más fácil de digerir.

Una variación interesante es añadir una capa de muesli tostado tipo *krunchy* o algunos frutos secos ligeramente tostados, como almendras, avellanas o nueces.

Mejor evitar los *krunchies* industriales que contengan aceite de palma.

Este postre es ideal para el verano y para días de calor intenso, pero no tanto para el invierno.

+ SUPERALIMENTO: EL CACAO El cacao se suele considerar un superalimento por la elevada concentración de nutrientes que presenta: contiene ácidos grasos saturados y monoinsaturados, y sustancias antioxidantes, antiinflamatorias, antivirales, antidepresivas e incluso analgésicas y es rico en minerales, en especial magnesio y calcio. También contiene teobromina, una sustancia estimulante muy similar a la cafeína, razón por la cual no podemos abusar del cacao. Es mejor tomarlo por la mañana, pero entonces es mejor prescindir del café.

BOCADILLO DE *TEMPEH* CON QUESO VEGANO

1 paquete de *tempeh* de soja macerado de 250 g

4 lonchas de queso vegetariano

1 barra de pan de semillas

1 tomate maduro

100 g de berro o espinacas

1 cucharadita de salsa de soja (tamari o shoyu)

1 cucharada de aceite de oliva

PARA 4 PERSONAS

1 Cortar el tomate en láminas finas y dejarlo macerando con 1 cucharada de vinagre de manzana unos 10 minutos. Los últimos 2 minutos, añadir un poco de aceite de oliva y la hoja verde y mezclarlo bien.

2 Cortar el *tempeh* en láminas finas y pasarlo por la sartén con un poco de aceite, hasta que esté crujiente. Cuando esté a punto de estar cocido, añadir unas gotas de salsa de soja. Reservarlo.

3 Cortar la barra de pan para obtener cuatro bocadillos y abrir cada parte por la mitad. Poner un poco de aceite, el tomate laminado, el queso vegetariano, el *tempeh* y la hoja verde, y servirlo.

Observaciones y trucos

Este bocadillo sirve para cualquier comida, pero es ideal para desayunar o merendar.

Es una comida equilibrada porque contiene todo aquello que necesita el organismo.

Mirar el apartado sobre el pan para saber cuál es el de mejor calidad y más saludable.

¿Qué es el tempeh?

El *tempeh* es un producto tradicional de Indonesia hecho a base de granos de soja fermentada con un hongo de *Rhizopus*. Contiene todos los aminoácidos esenciales en las proporciones adecuadas y, por lo tanto, **es una proteína completa** que sustituye perfectamente a la carne. Además, tiene fibra y, al estar fermentado, contiene cantidades significativas de enzimas que ayudan en la digestión y si es artesano —el de los comercios no lo es— tiene vitamina B12, deficitaria en las dietas veganas. Es rico en isoflavonas, una sustancia de la soja que refuerza los huesos, **reduce el riesgo de sufrir problemas coronarios** porque limpia los vasos sanguíneos y los hace más flexibles, y también puede ayudar a aliviar los síntomas de la menopausia.

En los comercios encontrarás *tempeh* de soja o de garbanzos. Para esta receta te recomiendo el de soja. Lo venden macerado y fresco, en paquetes de 250 g; si es fresco, se debe hervir con un poco de agua durante unos 15 minutos como mínimo para hacerlo bien digerible, pero si está macerado no hace falta. Tiene un aspecto que recuerda remotamente al turrón y un sabor como de nueces. En este bocadillo que te propongo es sencillamente delicioso.

Sobre la calidad del pan

El pan puede tener un papel importante en la alimentación saludable, pero solamente si es de muy buena calidad. Por suerte hoy en día ya no cuesta tanto encontrarlo, porque una nueva generación de maestros panaderos se han sumado a los de toda la vida y ofrecen panes nutritivos, saludables y, en muchos casos, innovadores. Pero, ¿cómo tiene que ser un pan saludable? Os hago un resumen:

• Que esté elaborado con ingredientes ecológicos, que no contienen sustancias químicas de síntesis. Además, hay estudios[2] que demuestran que el trigo ecológico contiene más nutrientes que el convencional, especialmente antioxidantes (hasta un 74%) y oligoelementos como el zinc o el cobre.

• Que no contenga azúcares añadidos.

• Que esté hecho con harina integral o harina de molino, porque todavía conserva parte del salvado. Esto es importante porque estas harinas tienen más nutrientes que la blanca. También aportan fibra, que nos ayuda a regular el colesterol y el tránsito intestinal y tienen un índice glucémico más bajo que la blanca: esto quiere decir que los azúcares del pan se metabolizan más lentamente.

• Que esté hecho con masa madre, que sustituye la levadura convencional, mejora la digestibilidad del pan y aporta mucho más sabor.

• Que tenga una fermentación larga: los panes industriales tienen fermentaciones tan cortas que necesitan aditivos para acelerar el proceso. Además, cuanto más tiempo de fermentación tenga un pan, más fácil es de digerir.

• Que esté elaborado con harinas de buena calidad, sobre todo si se trata de trigo: espelta, *triticum*, kamut, jeja, trigo candeal, etc.

2.   RYAN, M. H.; DERRICK, J. W., y DANN, P. R. (2004). "Grain mineral concentrations and yield of wheat grown under organic and conventional management". *Journal of the Science of Food and Agriculture*, 84(3): 207-216.

PAN DE PLÁTANO, TRIGO SARRACENO Y DÁTILES

250 g de harina de trigo sarraceno

3 plátanos bien maduros

15 dátiles sin hueso

4 cucharadas soperas de melaza de arroz

1 cucharadita de levadura en polvo

1 cucharadita de bicarbonato

½ cucharadita de sal

1 cucharadita de pasta de vainilla

1 huevo de chía (ver la receta en
la página 34)

3 cucharadas soperas de aceite de coco

125 g de nueces

2 puñados de semillas de calabaza

Aceite de oliva para engrasar el molde

PARA 8 PERSONAS ─────────────────────────

1 Calentar el horno a 180° C.

2 Preparar el huevo de chía mezclando 1 cucharada sopera de semillas de chía molidas con cucharadas soperas de agua y dejar reposar la mezcla durante 10 minutos, hasta que tenga consistencia de clara de huevo.

3 Engrasar un molde rectangular para un pan de unos 900 g.

4 Mezclar la harina de trigo sarraceno, la levadura, el bicarbonato y la sal con un robot de cocina.

5 Triturar los plátanos con un tenedor hasta que se conviertan en puré.

6 Añadir la vainilla y el aceite de coco deshecho.

7 Mezclarlo todo con los ingredientes secos (la mezcla de harina, levadura, sal y bicarbonato).

8 Añadir la melaza de arroz y el huevo de chía a la masa y mezclarlo bien.

9 Poner los dátiles cortados en trozos pequeños, las nueces desmenuzadas y las semillas de calabaza, mezclándolo todo con la ayuda de una cuchara de madera.

10 Volcar la masa en el molde y repartirla de manera uniforme.

11 Hornearlo unos 50-60 minutos a 180° C. Para saber si está hecho, clavar una brocheta; si sale limpia quiere decir que está cocido. Comprobar la cocción a partir del minuto 45.

12 Dejarlo enfriar totalmente antes de servir. Se mantiene en perfecto estado durante cuatro días en un contenedor hermético.

HUEVO DE CHÍA

1 cucharada sopera de semillas de chía
3 cucharadas soperas de agua

SUSTITUYE A UN HUEVO ──────

1   Triturar las semillas de chía con la ayuda de un robot o un mortero, hasta que tengan la textura de harina.

2   Mezclarlo con el agua en un bol y dejarlo reposar unos 5 minutos, hasta que haya adquirido una textura similar a la clara de huevo.

BOCADILLO DE HUMMUS CON HUEVO

4 cucharadas de hummus (ver la receta de hummus que se prefiera)
1 huevo ecológico duro
2 rodajas de tomate
Germinados
Lechuga, berro, rúcula o espinacas baby
1 cucharada de vinagre de umeboshi
Pan integral

1   Macerar el tomate con el vinagre, 2 o 3 minutos.

2   Cortar el huevo en rodajas finas.

3   Untar el pan con una capa generosa de hummus. Después añadir la lechuga, el tomate, las rodajas de huevo y los germinados y acabar con un chorrito de aceite.

+ SUPERALIMENTO: LA CHÍA   Últimamente se han puesto de moda las semillas de chía. Lo cierto es que se trata de un producto con una concentración de nutrientes espectacular: contiene cantidades muy elevadas de ácidos grasos omega-3 y antioxidantes, aporta todos los aminoácidos esenciales, promueve un tracto intestinal saludable porque alivia la inflamación y ayuda con el estreñimiento y la diarrea. No contiene gluten y es muy rica en fibra, magnesio, fósforo, calcio, hierro, selenio y potasio. También ayuda a mantener flexibles las membranas celulares, reduce el colesterol malo y previene las enfermedades cardiovasculares. Para obtener sus beneficios las semillas se tienen que triturar o bien dejar en remojo unos 15 minutos; en este último caso, las semillas forman una textura gelatinosa —debido a los mucílagos, que protegen los intestinos— muy interesante para hacer postres. Se pueden añadir a ensaladas, legumbres, yogures, etc.

TRUFAS DE CACAO
Una receta que me encanta de Núria Roura

1 cucharadita de canela en polvo
1 taza de nueces
1 taza de avellanas
1 cucharada grande de cacao en polvo
Sal marina
10 dátiles Medjool

Cobertura
50 g de mantequilla de cacao
3 cucharadas de cacao en polvo
3 cucharadas de jarabe de arroz

PARA 4 PERSONAS ───────────────────

1 Triturar los dátiles con la ayuda de un robot de cocina o una batidora eléctrica durante unos 30 segundos, hasta que se conviertan en una pasta. Reservarla.

2 Triturar el resto de ingredientes, excepto los que son para la cobertura, unos 30 segundos más.

3 Añadir la pasta de dátil y triturarlo todo junto unos segundos, hasta que quede bien integrada.

4 Con la pasta obtenida hacer, con las manos, bolitas de unos 2 cm de diámetro y reservarlas en el frigorífico unos 10 minutos.

5 Para la cobertura, en un bol poner primero la mantequilla de cacao cortada finamente y el cacao en polvo y cocerla al baño María hasta que se funda.

6 Añadir el jarabe de arroz y mezclarlo todo muy bien con la espátula.

7 Bañar los bombones en la cobertura, ponerlos encima de papel sulfurizado y dejarlos enfriar en la nevera unos 15 minutos.

PANCAKES CON PLÁTANO Y MERMELADA

400 g de copos de avena

300 ml de leche de avena, de arroz, de almendra o de coco

2 plátanos

Vainilla en vaina

1 cucharadita de levadura de repostería

50 g de almendras o nueces tostadas troceadas

Mermelada sin azúcar

1 limón (opcional)

Aceite de coco

PARA 4 PERSONAS

1 Triturar los copos de avena con un robot de cocina o una batidora eléctrica, hasta que se obtenga una textura parecida a la harina, pero con algunos grumos.

2 Abrir la vaina de vainilla por la mitad, sacar las semillas con la punta de un cuchillo y ponerlas en la batidora.

3 Mezclar todos los ingredientes en la batidora, y dejar reposar la masa unos 10 minutos.

4 Pincelar una sartén pequeña con un poco de aceite de coco o de oliva y poner una capa fina de masa. Dejar que se haga unos minutos y después cocerla por el otro lado. Reservar la crep.

5 Para preparar el relleno, cocer los plátanos ligeramente en la sartén con un poco de aceite de coco, mermelada, zumo de limón (opcional) y almendras tostadas troceadas.

6 Hacer pilas de tres o cuatro creps, intercalando un poco de la mezcla de plátano entre capa y capa. Al final, podéis decorar la "torre" que habéis hecho con la mermelada y los frutos secos desmenuzados.

PUDIN DE SEMILLAS DE CHÍA, PERA, HIGOS SECOS Y LECHE DE ALMENDRAS

600 ml de leche de almendras

5 cucharadas de semillas de chía

2 manzanas o peras cortadas en trozos

2 higos secos troceados

2 cucharadas de coco rallado

Una pizca de canela en polvo

1 cucharada de cacao o algarroba (opcional)

PARA 4 PERSONAS

1 Cubrir las semillas y el coco rallado con la leche vegetal y dejar que repose toda la noche. La chía, cuando se hidrata, suelta un tipo de gelatina que da al líquido consistencia de pudin.

2 Trocear la pera y el higo y mezclar con el pudin de chía. Espolvorear con un poco de canela o cacao y servir.

+ SUPERALIMENTO: LA ALGARROBA Si no podéis o no queréis tomar chocolate o cacao tenéis una alternativa muy saludable y que podéis usar exactamente del mismo modo: se trata de la algarroba, que es el fruto del algarrobo. Las vainas de este árbol se tuestan y se muelen para obtener la harina de algarroba.

Esta harina contiene azúcares naturales y proteínas, en especial triptófano, un aminoácido que, entre otras cosas, nos proporciona sensación de relajación y tranquilidad. La algarroba contiene muchas menos grasas que el cacao y es muy rica en minerales, especialmente hierro, calcio y magnesio.

Además de todo esto, también es muy saludable porque contiene una cantidad importante de pectina, un tipo de fibra soluble que tiene efecto prebiótico. Además, esta fibra relaja las paredes intestinales y estimula el movimiento peristáltico de los intestinos. Y, además, la algarroba también contiene polifenoles como el tanino, que es antioxidante.

Se comercializa en polvo, en cremas para untar y también en tabletas como si fuera chocolate. Si la cocináis en polvo no la hirváis, porque se vuelve amarga. La podéis usar para espolvorear los desayunos o los postres y, en cualquier receta, para sustituir el cacao.

PAN INTEGRAL CON ACEITE, AGUACATE, GOMASIO, TOMATE, AJO NEGRO Y GERMINADOS

1 aguacate

1 limón

4 cucharaditas de gomasio (sal de sésamo)

2 dientes de ajo negro

1 taza de germinados (alfalfa, rábano, cebolla...)

Pan integral de calidad (con levadura fresca y de fermentación larga)

Aceite de oliva

PARA 4 PERSONAS ──────────────────────────

1 Abrir el aguacate por la mitad, sacar el hueso y la piel y aplastarlo con un tenedor y un poco de zumo de limón (1 cucharada) y una pizca de sal hasta tener una pasta.

2 Untar el pan con la pasta de aguacate, poner rodajas de tomate encima, medio ajo cortado en láminas finas, media cucharadita de gomasio y los germinados cubriendo toda la superficie del pan. Finalizar con un chorrito de aceite de oliva.

Observaciones

Si no se tiene gomasio se puede usar sal marina convencional sin ningún problema: los beneficios nutricionales no serán los mismos (ver la página siguiente), pero esencialmente la receta no cambia mucho.

Añadir, si se quiere, unas rodajas de tomate; también se pueden poner anchoas o sardinas de lata, pero en este caso prescindir del gomasio.

+ SUPERALIMENTO: AJO NEGRO El ajo negro se obtiene fermentando el ajo crudo entre 60 y 90 días. La fermentación potencia algunas de las propiedades del ajo y concentra los componentes medicinales: por ejemplo, el ajo negro es entre cinco y diez veces más antioxidante y contiene 2,7 veces más polifenoles. Tiene propiedades antiinflamatorias, energéticas, digestivas, diuréticas y expectorantes, entre otras, y nos puede proteger de determinadas enfermedades cardiovasculares porque inhibe el efecto de un enzima que es hipertensor. También aumenta los niveles de colágeno y mejora la salud de la piel y de los tejidos gracias a los compuestos sulfurosos que contiene. Un diente de ajo negro al día es más que suficiente. Se puede comer crudo, en la ensalada o en el bocadillo, o se puede usar como condimento durante la cocción.

Gomasio casero

Gomasio significa 'sal de sésamo': en japonés, *goma* quiere decir 'sésamo' y *sio*, 'sal'. Es un condimento muy común en Oriente y se obtiene triturando semillas de sésamo tostado con sal marina. Además de proporcionar más sabor al plato, mejora la digestibilidad de los alimentos al favorecer la secreción de zumos gástricos, y es rico en proteínas (sobre todo triptófano, un aminoácido esencial que entre otras cosas mejora el ánimo y nos ayuda a dormir, porque es un precursor de la serotonina, que a su vez es precursora de la melatonina), vitaminas y minerales; de hecho, el sésamo contiene cantidades importantes de calcio y hierro. El gomasio se puede encontrar en la mayoría de herbolarios, pero también lo podemos hacer en casa: solo hay que triturar 20 partes de sésamo tostado con 1 parte de sal marina sin refinar. Es importante que las semillas de sésamo estén abiertas, porque de este modo las podremos digerir correctamente.

Obviamente, las personas que no pueden tomar sal por prescripción médica no lo pueden consumir.

La sal de sésamo no es indispensable, pero si nos acostumbramos a usarla como condimento, recibiremos los beneficios del sésamo casi sin darnos cuenta.

BARRITAS ENERGÉTICAS CASERAS

25 g de galletas de arroz bien desmenuzadas

½ vaso de avellanas o almendras tostadas

1 vaso de cereales variados en copos

½ vaso de melaza de arroz

¼ de vaso de orejones, pasas, higos o dátiles (o una mezcla) en trocitos

50 g de coco rallado

2 cucharadas de sésamo tostado

1 cucharada de canela en polvo

PARA 8 BARRITAS

1 Hidratar las frutas desecadas sumergiéndolas en un bol con un poco de agua. Mientras tanto, calentar el horno a 180° C.

2 Picar los frutos secos con los cereales en copos, vigilando que no queden desmenuzados en trozos demasiado pequeños; está bien encontrar trozos un poco grandes en la barrita. Incorporar las galletas de arroz desmenuzadas y el amaranto hinchado.

3 Mezclarlo todo con los frutos secos, el coco, la canela y la melaza.

4 Coger un molde de unos 20 x 14 cm y cubrir el fondo con el sésamo. Después colocar toda la mezcla encima, vigilando que quede bien compactada.

5 Esparcir más sésamo por encima y hornearlo durante 20 minutos.

6 Después, dejarlo enfriar, sacarlo del molde y cortarlo en barritas individuales.

Observaciones

La receta se puede adaptar a vuestras preferencias con facilidad y admite cualquier cereal en copos o hinchado, pero es mejor optar por los que contengan más nutrientes y sean fáciles de digerir, como la avena, la quinoa o el amaranto.

Para endulzar, podéis sustituir la melaza de arroz por melaza de otros cereales, jarabe de agave o incluso miel ecológica.

También podéis tener barritas para picar de manera saludable entre comidas, o para realizar deportes de larga duración.

SMOOTHIE DE MATCHA

1 plátano congelado

½ calabacín congelado

1 cucharada de matcha en polvo

¾ de taza de leche vegetal (arroz, avena o almendras)

1 naranja pelada o ½ vaso de zumo de naranja

PARA 1 PERSONA ─────────────────────────

1   Batir todos los ingredientes con un
robot de cocina o una batidora eléctrica
hasta obtener una textura fina y servirlo.

Observaciones

El mundo de los
smoothies es
inacabable y el
único límite es
vuestra imaginación.
Es importante, sin
embargo, que siempre
acompañéis la fruta
entera con alguna
verdura que no
deje hilos (pepino,
calabacín, etc.) y de
algún superalimento.

**+ SUPERALIMENTO:
TÉ MATCHA**   El té verde matcha es una variedad de té verde japonés con muchas
propiedades medicinales.

A diferencia de otros tés, se vende molido, en polvo, y es uno de los
que se usan tradicionalmente en la ceremonia japonesa del té. Es muy rico en antioxidantes
(flavonoides), vitamina C y taninos (que mejoran el tránsito intestinal) y puede ayudar a reducir
los niveles elevados de azúcar y de colesterol y aportar vitalidad. Se usa también en pasteles,
helados y postres en general.

GRANOLA

200 g de copos de cereales

3 cucharadas de melaza de arroz

40 g de coco rallado

80 g de aceite de coco

30 g de nueces crudas

30 g de almendras crudas

30 g de semillas de girasol

30 g de semillas de calabaza

30 g de pasas sin hueso

30 g de avellanas crudas

1 cucharadita de canela

Agua

PARA 500 g

1 Tostar los copos ligeramente en una sartén antiadherente hasta que empiecen a cambiar el color. Repetir el proceso con los frutos secos y las semillas.

2 Poner todos los ingredientes que se han tostado en una bandeja de horno protegida con papel sulfurizado.

3 En una cazuela, calentar la melaza, el aceite de coco y 1 cucharada de agua y mezclarlo todo bien hasta que se obtenga un líquido homogéneo.

4 Mezclar bien este líquido con los ingredientes de la bandeja y hornearlo todo a 120° C durante 40 minutos, removiendo de vez en cuando para que no se queme.

5 Cuando falten 4 o 5 minutos, añadir las pasas y el coco rallado.

6 Cuando esté frío, conservarlo en un bote de cristal hermético.

Observaciones

Podéis usar copos de cereales de todo tipo, desde avena hasta trigo.

Hornear los ingredientes hace que sean mucho más fáciles de digerir, en especial los copos. El popular muesli contiene los mismos ingredientes, pero crudos, lo que requiere un esfuerzo digestivo mayor para poder aprovechar los nutrientes.

CREPS DE TRIGO SARRACENO CON ALMENDRAS TOSTADAS Y MELAZA DE ARROZ

250 ml de harina de trigo sarraceno
½ litro de agua
Una pizca de sal marina
Una pizca de canela en polvo
1 huevo ecológico

1 taza de almendras tostadas y trituradas
3 cucharadas de melaza de arroz
Aceite de oliva

PARA 8 CREPS

1 Batir bien el huevo y mezclarlo con la harina, la sal y un poco del agua, hasta que se obtenga una masa espesa.

2 Añadir el resto del agua mientras se sigue batiendo.

3 Dejar reposar la mezcla entre 30 minutos y 1 hora.

4 Calentar una sartén antiadherente y pintarla con un poco de aceite. Cuando esté caliente, añadir algo menos de medio cucharón de la masa líquida que habéis preparado y distribuirla de manera uniforme por la sartén.

5 Cuando se levante por los lados ya estará hecha. Girarla con una espátula y dejarla 3 minutos más al fuego. Reservarla.

6 Para servir, poner un poco de melaza, unas cuantas nueces trituradas y enrollar la crep.

Observaciones

Esta crep es ideal para desayunar, pero también sirve para comer o cenar si la rellenáis con verduras, tofu, seitán, etc.

El huevo no es indispensable, pero nos ayuda a dar uniformidad a la masa.

MUFFINS DE PLÁTANO CON MELAZA DE ARROZ

155 g de harina de trigo o espelta integral

2 cucharadas de azúcar integral de caña

1 cucharadita de levadura en polvo

½ cucharadita de bicarbonato

¼ de cucharadita de sal marina

1 huevo grande

2 cucharadas de melaza de arroz

2 cucharadas de aceite de oliva

1 plátano grande maduro en puré

PARA 24 MAGDALENAS ───────────────────────

1 Calentar el horno a 180° C. Engrasar con aceite 24 minimoldes para magdalenas.

2 En un bol grande, mezclar la harina, el azúcar, la levadura el bicarbonato y la sal. En otro bol, hacer lo mismo con el huevo, la melaza y el aceite hasta que estén muy bien mezclados.

3 Unir las dos mezclas y añadir el puré de plátano.

4 Poner la mezcla en los moldes preparados. Hornearlos unos 10-12 minutos, hasta que la masa haya subido. Después dejar enfriar los *muffins* y servirlos.

SMOOTHIE DE PLÁTANO CONGELADO CON FRUTOS ROJOS Y CACAO

Una adaptación de una receta de Elsa Mocker, chef especialista en comida *raw* y responsable de LalaKitchen.com

4 plátanos medianos congelados, sin la piel

1 taza de bebida vegetal (avena, almendras, arroz, etc.)

2 cucharadas de cacao crudo en polvo

½ cucharadita de vainilla en polvo

2 cucharadas de crema de avellanas o almendras

Ingredientes para la mermelada

150 g de frambuesas

1 o 2 cucharadas de melaza de arroz

PARA 2 PERSONAS

1 Aplastar las frambuesas con el jarabe usando un tenedor. Reservar.

2 Batir todos los ingredientes que quedan, excepto el cacao, con la batidora o un robot de cocina, hasta obtener una textura cremosa.

3 Separar una parte del batido, mezclarla con 2 cucharadas de mermelada de frambuesas, y reservar.

4 Añadir el cacao al resto de batido y continuar batiéndolo hasta que todos los ingredientes queden integrados.

5 Llenar el fondo de dos vasos con la mermelada de frambuesas, después añadir el batido con el cacao y finalizar con la mezcla de batido y frambuesas que se había reservado.

Observaciones

Es un desayuno ideal para días calurosos en que no tengamos que desarrollar mucha actividad.

Podéis decorar el *smoothie* con semillas de chía o de lino molidas, o espolvorear encima un poco de cacao en polvo.

También podéis sustituir el cacao por algarroba en polvo.

Lino, alto contenido en ácidos grasos saludables

El lino es la semilla de una planta muy rica en nutrientes, especialmente grasas insaturadas, que son muy saludables: hablo de ácidos grasos omega-6 y, sobre todo, omega-3. Los omega-3 ayudan a formar las membranas celulares, disminuyen la viscosidad de la sangre y favorecen la circulación sanguínea. También ayudan a reducir el colesterol.

Estos ácidos grasos, sin embargo, son muy sensibles a la luz y a las temperaturas altas y se estropean con mucha facilidad, por lo que es importante conservarlos bien.

El lino contiene vitaminas del grupo B, lecitina, vitamina E, hierro, fósforo y zinc. También tiene propiedades laxantes porque contiene mucílagos, un tipo de fibra que incrementa el volumen de las heces y las hace más blandas y que también reduce el nivel de colesterol "malo".

Para beneficiarse de todas estas propiedades es muy importante tomar las semillas de lino molidas, y no enteras.

En los comercios encontraréis lino marrón y lino dorado, que es algo más dulce que el otro; en cuanto a los nutrientes que contienen, son prácticamente idénticos. Podéis añadirlo a cualquier plato, desde una ensalada hasta una sopa. Es mejor molerlo un poco antes para poderlo digerir correctamente.

PATÉ DE CHAMPIÑONES CRUDOS CON SEMILLAS DE GIRASOL

200 g de semillas de girasol

150 g de champiñones

3 cucharadas de tamari

3 cucharadas de aceite de oliva

1 diente de ajo

1 cucharada de jengibre fresco rallado

Pimienta negra recién molida

PARA UNOS 350 g

1   Dejar las semillas de girasol en remojo como mínimo 4 horas, aunque lo ideal es dejarlas toda la noche.

2   Escurrir las semillas, secarlas bien y triturarlas con los champiñones en crudo y el resto de ingredientes hasta que se obtenga una consistencia cremosa. Ya está listo para servir.

Observaciones

Podéis usar otro tipo de setas, como los champiñones portobello o los shiitake.

Si queréis que sea rico en ácidos grasos esenciales poliinsaturados, podéis añadir 1 cucharadita de aceite de lino y otra cucharadita de sésamo.

Si lo preferís, podéis cambiar las semillas de girasol por semillas de calabaza o de sésamo, nueces o almendras, puniéndolas siempre en remojo.

BOCADILLO VEGETAL DE PAN DE CENTENO

Pan de centeno

Hummus de garbanzos o alubias blancas

Germinados

Rúcula, berro o lechuga

Chucrut

PARA 1 PERSONA

1 Montar el bocadillo poniendo una capa de hummus, una de chucrut y una de germinados.

Chucrut, el poder de los fermentados

Se trata de un producto tan simple que parece mentira que pueda ser tan saludable. Básicamente es col fermentada con agua y sal, un proceso que multiplica de manera exponencial las propiedades de esta crucífera. Durante la fermentación se produce ácido láctico, que entre otras cosas nos ayuda a mantener una buena flora bacteriana (microbiota) en los intestinos. De hecho, el chucrut tiene las mismas propiedades que un yogur pero multiplicadas por 10: es lo que se denomina un prebiótico. Contribuye a mejorar las defensas del cuerpo, pero también nos ayuda a depurar el hígado, a tener la piel en buen estado, a ir de vientre correctamente y a digerir mejor los alimentos, porque es extremadamente rico en enzimas. También es muy rico en vitamina C. No es necesario que comáis mucha cantidad, con el equivalente a 1 cucharada de postre al día ya notaréis la diferencia. Se puede añadir a las ensaladas, a las sopas y a casi cualquier plato. También se puede encontrar o elaborar con otras verduras, generalmente zanahorias, nabos y cebollas: los llaman *pickles*.

PASTEL *RAW* DE MANZANA

Para la base

200 g de almendras

20 dátiles

1 cucharadita de semillas de anís

Para el relleno

500 g de manzana

1 cucharadita de canela en polvo

Zumo de ½ limón

PARA 10 PERSONAS ————————————————————————

1 Dejar las almendras en remojo unas 8 horas. Después, enjuagarlas y triturarlas bien junto con los dátiles y el anís en polvo hasta que se obtenga una masa moldeable.

2 Poner esta masa en un molde de aproximadamente 1 cm de alto.

3 Para hacer el relleno, pelar y rallar la manzana, añadir la canela en polvo y el zumo de limón y mezclarlo todo muy bien.

4 Echar el relleno encima de la base y decorar el pastel espolvoreando un poco de canela.

Observaciones

Las almendras se pueden sustituir por cualquier otro fruto seco, como nueces o avellanas.

También podéis cambiar el relleno usando la fruta que os apetezca.

SALTEADO DE MANZANA VERDE CON ANACARDOS

1 taza de anacardos (en remojo toda la noche)

2 cucharadas de aceite de oliva

5 o 6 manzanas verdes cortadas en dados medianos

½ cucharadita de sal

1 cucharada de jengibre picado

2 cucharadas de zumo de limón fresco

½ cucharadita de pimienta (opcional)

PARA 4 PERSONAS

1 Poner los anacardos en una sartén grande a fuego medio, hasta que se hayan tostado ligeramente. Sacarlos de la sartén y subir el fuego.

2 Añadir el aceite y, cuando esté caliente, poner las manzanas y la sal, y saltearlo todo hasta que los bordes de la fruta empiecen a dorarse. Añadir el jengibre y removerlo todo hasta que la fruta empiece a ablandarse, pero con cuidado para que no se deshaga.

3 Echar el zumo de limón y ¼ de vaso de agua mineral. Mezclarlo todo bien, apagar el fuego y removerlo un poco hasta que el líquido se haya absorbido.

4 Añadir los anacardos y una pizca de pimienta (opcional) y remover un poco antes de servirlo.

Observaciones

Podéis mezclar esta preparación con granola o copos de avena, pero también la podéis comer sola.

CREMA DE AVENA (*PORRIDGE*)

1 taza de copos de avena limpios y escurridos

1 ramita de canela

½ taza de orejones, higos, dátiles o pasas, lo que se prefiera

1 fruta fresca (manzana, pera, plátano, mango, fresas, kiwi...) o 2 cucharadas de fruta liofilizada

4 cucharadas de semillas de sésamo o de lino trituradas o de calabaza o de girasol

2 tazas de agua o de leche de avena

Sal marina

PARA 4 PERSONAS

1 En un cazo o una cazuela, poner a hervir los copos con el líquido, la rama de canela, una pizca de sal y los frutos secos cortados en trozos pequeños, sin dejar de remover. A medida que los copos se van cociendo, el conjunto se va espesando. Cocerlo durante unos 8 minutos a fuego medio.

2 La consistencia debe ser cremosa, no demasiado consistente, pero cuando esté todo cocido se puede rectificar fácilmente el plato añadiendo más líquido.

3 Servirlo en un plato hondo o un bol, con trozos de fruta fresca en rodajas y esparciendo las semillas trituradas por encima.

ensaladas, cremas y sopas ——————

CREMA DE COLIFLOR CON ALMENDRAS

1 litro de agua mineral

1 coliflor mediana

200 g de cebolla

1 puerro

2 cucharadas de crema de almendras eco sin azúcar

50 g de almendras en polvo

Aceite de oliva

Una pizca de cúrcuma

1 cucharada de miso blanco

4 hebras de azafrán

Una pizca de sal marina

Pimienta blanca

PARA 4 PERSONAS ──────────────────────

1 Cortar las cebollas en medias lunas y la parte blanca del puerro en rodajas finas y saltearlo todo en una cazuela con poco aceite y una pizca de sal, unos 12 minutos, hasta que la cebolla esté transparente y empiece a dorarse.

2 Añadir la coliflor cortada en trozos medianos, el azafrán, un poco de sal y pimienta y agua que apenas lo cubra todo.

3 Hervirlo todo unos 10 minutos a fuego alto. Cuando falten 2 minutos, añadir las almendras en polvo y la cúrcuma.

4 Apagar el fuego y añadir 1 cucharada de miso blanco.

5 Triturarlo todo y servirlo en un bol o un plato hondo.

Opciones y trucos

En vez de hervir la coliflor, cocerla al vapor: entera necesita 25 minutos; troceada, de 12 a 15 minutos. La cocción al vapor mantiene más los nutrientes que el hervido.

Para decorar, usar rodajas cortadas bien finas de la parte verde del puerro, la más cercana a la zona blanca. También podéis usar unas almendras tostadas, perejil picado o cebollino.

Si queréis jugar con la consistencia de la crema, antes de batirla podéis sacar un poco de líquido. Si la queréis más fina, añadirlo. Si os falta todavía más líquido, podéis añadir leche vegetal de avena o arroz.

CREMA DE AGUACATE CON PEPINO

1 aguacate maduro

1 pepino

½ diente de ajo

2 cucharadas de aceite de oliva

Zumo de medio limón

Sal marina sin refinar

Pimienta negra

300 ml de agua de calidad

½ taza de pimiento rojo troceado

Perejil

Cebollino

PARA 4 PERSONAS

1 Pelar el pepino y cortarlo en trozos grandes.

2 Pelar el aguacate y sacar el hueso.

3 Triturarlo con el resto de ingredientes, excepto el perejil, el pimiento y el cebollino.

4 Dejar que se enfríe en la nevera 30 minutos.

5 Sacar la crema de la nevera unos 5 minutos antes de servir y ponerla en platos hondos o boles. Servirla con un poco de pimiento rojo, perejil y cebollino esparcidos por encima.

CREMA DE ALCACHOFAS

1 litro de caldo vegetal

350 g de corazones de alcachofa

250 g de patatas

1 puerro

1 cebolla mediana

1 cucharadita de curri

Aceite de oliva

Sal marina

Pimienta

PARA 4 PERSONAS

1 Cortar la cebolla en medias lunas y la parte blanca del puerro en rodajas finas y saltearlo todo en una cazuela con poco aceite y una pizca de sal, unos 12 minutos, hasta que la cebolla y el puerro estén transparentes y empiecen a dorarse.

2 Mientras tanto, poner el agua mineral en una cazuela, añadir las patatas y un poco de sal y llevarlo a ebullición.

3 Cuando las patatas lleven 15 minutos hirviendo, añadir los corazones de alcachofa, la cebolla y el puerro salteados y el curri y cocerlo todo 5 minutos más, a fuego alto.

4 Rectificar de sal y pimienta.

5 Retirar un poco de caldo y ponerlo en un bol. Triturarlo todo con un robot de cocina o una batidora. Si se quiere una textura más líquida, añadir el caldo que se había apartado.

Observaciones y trucos

El curri es opcional; también podéis poner cúrcuma, que tiene muchas propiedades interesantes, sobre todo si la combinamos con pimienta negra (ver el destacado).

Podéis cambiar las patatas por 100 g de chirivías o de nabos.

+ SUPERALIMENTO: LA CÚRCUMA, ESPECIA MEDICINAL POR EXCELENCIA La cúrcuma es un condimento maravilloso por su sabor, pero sobre todo por sus propiedades medicinales, descritas en infinidad de artículos científicos. Es un antioxidante y antiinflamatorio muy potente y varios estudios consideran que puede ser útil para ayudar a combatir el Alzheimer, la diabetes, la depresión y el cáncer.

Todo esto es gracias a los compuestos antioxidantes que contiene, sobre todo a los curcuminoides (curcumina, demetoxicurcumina y bisdemetoxicurcumina).

El inconveniente de la cúrcuma es que tiene una absorción muy baja, pero se puede mejorar si la combinamos con pimienta negra. Los estudios dicen que la piperina incrementa en un 2.000% su biodisponibilidad..

La alcachofa de El Prat

En el delta del río Llobregat se cultivan algunas de las alcachofas más valoradas por los gourmets. Las montañas cercanas —Collserola, Montbaig-Montpedrós y El Garraf— y el efecto regulador del mar, que está muy cerca, generan un microclima que las protege; además, el suelo de esta zona es extremadamente rico en nutrientes. Todos estos factores hacen que las alcachofas de El Prat tengan un sabor más dulce y delicado que las alcachofas de otros lugares del mundo.

Desde el punto de vista nutricional, contienen vitaminas A y del grupo B, calcio, magnesio, hierro, fósforo, potasio y sodio, hidratos de carbono —insulina— y fibra soluble. El sabor amargo propio de las alcachofas proviene de sustancias como la cinarina o la cinaropicrina, que facilitan la formación y la eliminación de bilis —esenciales para la correcta digestión de las grasas—, y de los cinarósidos y taninos, que tienen efectos antiinflamatorios. La alcachofa nos ayuda a combatir el colesterol, la hipertensión, la arteriosclerosis, es antidiabética y diurética y es una maravilla para curar el hígado o mantenerlo en perfecto estado.

Es mejor elegir las que pesen más, con las hojas bien compactas y el tallo con el interior de color verde claro. Las mejores son las que se encuentran entre mediados de febrero y mediados de abril. Exigen rapidez en la preparación puesto que se oxidan con facilidad y se vuelven oscuras: para evitarlo, cuando estén cortadas podemos sumergirlas en agua con limón o un poquito de perejil.

CREMA DE CALABAZA Y COCO CON CURRI, POLLO Y PAN CRUJIENTE

500 g de pechuga ecológica, sin piel

500 ml de caldo de pollo o de verduras

2 dientes de ajo

4 rebanadas de pan integral

½ taza de perejil

400 g de calabaza

1 lata de leche de coco (400-500 g)

1 cebolla

Pimienta negra

Curri

Sal

Cúrcuma

Aceite de coco virgen extra

PARA 4 PERSONAS ───────────────────────────

1 Cortar la cebolla en medias lunas y picar los ajos. Saltearlo todo en una cazuela a fuego bajo-medio con una pizca de sal y el aceite de coco, unos 10 minutos, hasta que la cebolla empiece a dorarse.

2 Añadir la calabaza cortada en dados grandes y el caldo y cocerlo unos 10 minutos con el fuego medio-alto.

3 Incorporar 1 cucharadita de curri, 1 cucharadita de cúrcuma y una pizca de sal y que hierva 2 minutos. Después, añadir la leche de coco y cocerlo a fuego bajo-medio unos 5 minutos más. Triturarlo todo con la batidora.

4 Mientras tanto, cortar la pechuga en filetes delgados y saltearlos en la sartén con un poco de aceite de coco, hasta que estén hechos. Después, cortarlos en trocitos.

5 Picar el perejil y tostar las rebanadas de pan. Hacer dados.

6 Para servir, poner la crema en un bol o un plato hondo con los trozos de pollo, y decorarlo con el perejil y los dados de pan tostado.

El pollo ecológico

Cuando hablamos de la calidad de la carne no solo nos tenemos que fijar en el precio, sino que es muy importante saber cómo se ha alimentado el animal, si lo han medicado de manera preventiva y qué condiciones de vida ha tenido. Todos estos parámetros afectan de manera determinante a la calidad organoléptica y nutricional de la carne y por eso es mejor apostar siempre por la carne ecológica.

La normativa para certificar un pollo eco es estricta: se deben alimentar con pienso ecológico o alimentos naturales; no pueden estar medicados, excepto en casos muy extremos, y en estos casos solo pueden recibir medicación una vez; deben tener espacio para poder moverse y andar, y también ocho horas de descanso cada día sin luz artificial. También tienen que vivir como mínimo 81 días, que es el doble de la vida de los pollos convencionales.

Todo esto hace que sean pollos más grandes, con la carne algo más oscura que la de los pollos convencionales y un poco más firme, porque no contiene tantas grasas saturadas y las que contiene están mucho más integradas en la carne. Gracias a esto, el producto resultante es mucho más saludable y sabroso, pero también más caro.

PARMENTIER DE PATATAS Y ACELGAS CON CRUJIENTE DE TALLOS DE ACELGA

500 ml de caldo o agua

150 ml de agua con gas

800 g de patatas

500 g de acelgas

300 g de cebollas

Aceite

Sal marina

Leche vegetal de arroz o avena

1 cucharada de miso blanco

---

1 Cortar las cebollas en medias lunas y saltearlas en una sartén con poco aceite y una pizca de sal, unos 12 minutos, hasta que estén transparentes y empiecen a dorarse.

2 Mientras tanto, poner el agua mineral en una cazuela, añadir las patatas y un poco de sal y llevarlo a ebullición. Cocerlo unos 20 minutos o hasta que las patatas estén blandas.

3 Rectificar de sal y pimienta.

4 La textura de un parmentier se encuentra entre un puré y una crema, por lo tanto lo mejor para obtenerla es retirar un poco de caldo y ponerlo en un bol. Después triturarlo todo, junto con el miso, con un robot de cocina o una batidora y añadir más líquido hasta obtener la consistencia deseada.

5 Separar los tallos de la parte verde de las acelgas; cortar los tallos finos y freírlos hasta que estén crujientes.

6 Escaldar las acelgas en agua hirviendo, solo 1 minuto. Después triturarlas con 20 ml de aceite de oliva, el agua con gas y la sal.

7 Servir el parmentier en un plato hondo, con el puré de las hojas formando un cordón en espiral por encima, y decorar con los tallos de acelga.

CREMA DE LENTEJAS ROJAS CON COCO Y PAN TOSTADO

2 tazas de lentejas rojas

2 zanahorias grandes

1 lata de leche de coco

1 trocito de jengibre

2 cebollas grandes

3 rebanadas grandes de pan integral tostado

Aceite de oliva

Aceite de coco

2 tazas de caldo vegetal

1 hoja de laurel

1 cucharada de cúrcuma

Pimienta negra recién molida

Sal marina

½ bulbo de hinojo

Crema de avena o de arroz (opcional)

PARA 4 PERSONAS

1   Cortar las cebollas en medias lunas y saltearlas con un poco de aceite de coco y sal marina, unos 12 minutos.

2   Añadir las zanahorias peladas y cortadas en rodajas, el jengibre, la leche de coco, el caldo, el laurel y la cúrcuma, y hervirlo todo tapado, a fuego medio, unos 30 minutos.

3   Sacar el laurel y el jengibre, rectificar de sal y pimienta y reservar un poco del caldo de la cocción. Después, triturarlo todo con un robot de cocina o una batidora hasta que se obtenga una crema homogénea. Si hace falta más líquido, usar el que se ha reservado.

4   Servirlo en un bol o un plato hondo con los dados de pan tostado por encima y un chorrito de aceite de oliva. Se puede decorar con un poco de crema de avena o de arroz.

ENSALADA DE RÚCULA CON GARBANZOS CRUJIENTES, PEPINO, AGUACATE Y PARMESANO

2 aguacates
150 g de rúcula
1 pepino holandés
500 g de garbanzos cocidos
2 dientes de ajo
1 limón
30 g de queso parmesano

Pimienta negra
Pimienta de Cayena
Comino
Mostaza de Dijon
Aceite de oliva virgen extra
Sal marina

PARA 4 PERSONAS

1 Calentar el horno a 250° C.

2 Lavar y escurrir los garbanzos; después secarlos bien con papel de cocina y ponerlos en una bandeja de horno. Aliñarlos con 2 cucharadas de aceite de oliva, 1 cucharadita de comino, una pizca de sal, ¼ de cucharadita de pimienta de Cayena y ¼ de pimienta negra.

3 Poner los garbanzos en el horno, 15-20 minutos, hasta que estén crujientes. Con una cuchara de madera, mezclarlos hacia la mitad de la cocción.

4 Pelar y cortar el ajo en trozos pequeños.

5 En un bol, preparar la salsa para aliñar mezclando los ajos pelados y cortaditos con el zumo de un limón, 6 cucharadas de aceite de oliva, ½ cucharadita de mostaza, una pizca de sal y un poco de pimienta.

6 Lavar bien la rúcula y el pepino.

7 Cortar el pepino con la piel en dados medianos. Cortar los aguacates en dados medianos también.

8 Cortar el parmesano en trozos pequeños o virutas.

9 Servir poniendo la rúcula en el plato y encima añadir los garbanzos, el pepino y los aguacates. Aliñarlo todo y terminar el plato con un poco de parmesano por encima.

ENSALADA RÁPIDA DE CALAMAR SALTEADO

2 limones

10 g de hojas de menta fresca picada fina

10 g de cilantro fresco picado en trozos grandes

10 g de perejil fresco picado fino

2 chiles rojos tailandeses, sin semillas y picados

Aceite de oliva

500 g de calamares

Sal marina y pimienta recién molida

PARA 4 PERSONAS

1 Lavar bien los calamares —en la pescadería los pueden dejar bien limpios—, cortar el cuerpo del calamar en rodajas finas y las patas del tamaño de un bocado, y saltearlo unos 3 minutos en una sartén con el fuego alto. Reservarlo.

2 En un bol mezclar bien el zumo de limón, la menta, el cilantro, el perejil, los chiles y 2 cucharadas de aceite de oliva fino.

3 Añadir los calamares y mezclarlo todo bien. Se puede servir caliente o a temperatura ambiente.

Observaciones

Se trata de un plato muy sencillo y rápido de preparar, ideal para días de verano o de mucho calor.

Los calamares, como todos los cefalópodos, son una excelente fuente de proteína completa.

ENSALADA DE TRIGO SARRACENO CON GRANADA Y HOJAS DE PEREJIL

150 g de trigo sarraceno

400 ml de agua

2 cucharaditas de *ras el hanout* (ver la página siguiente)

2 zanahorias

2 naranjas peladas y cortadas en rodajas

Un puñado grande de hojas de perejil, sin el tronco

Un puñado pequeño de hojas de eneldo

Un puñado de hojas de menta cortadas

1 granada

Aceite de oliva

Sal marina

Pimienta negra

PARA 4 PERSONAS

1 En una cazuela, poner el trigo sarraceno con el doble de agua y un poco de sal marina y llevarlo hasta el punto de ebullición. Después taparlo, bajar el fuego al mínimo y dejar que hierva unos 20 minutos, hasta que haya absorbido toda el agua.

2 Ponerlo en un bol y mezclarlo con el *ras el hanout* y el aceite de oliva.

3 Pelar las zanahorias y cortarlas bien finas a lo largo, en juliana o en rodajas delgadas. Mezclarlas con el trigo sarraceno.

4 Cortar las naranjas en rodajas delgadas, eliminar la parte blanca y mezclarlas con el trigo sarraceno y las zanahorias. Añadir también el perejil sin cortar, el eneldo, la menta cortada fina y la granada.

5 Mezclarlo todo y servirlo.

Ras el hanout

El *ras el hanout* es una mezcla de especias fundamental en la cocina marroquí.
Podéis encontrarlo preparado, pero si os apetece hacerlo, aquí tenéis la receta.
Necesitáis dos grupos de especias:

Primer grupo

½ cucharadita de clavo

1 cucharadita de pimienta negra

1 cucharadita de cardamomo verde

1 cucharadita de pimienta blanca

2 cucharaditas de comino

1 cucharadita de semillas de cilantro

Segundo grupo

½ cucharadita de nuez moscada molida

1 cucharadita de pimienta de Cayena

1 cucharadita de canela molida

2 cucharaditas de jengibre molido

2 cucharaditas de cúrcuma molida

1   Poner las especias del primer grupo en una sartén sin aceite y tostarlas a fuego medio unos 5 minutos. Después pasarlas por el molinillo hasta que queden bien molidas y pasarlas por un colador.

2   Mezclarlas con las especias del segundo grupo y guardar la mezcla en un recipiente hermético.

ENSALADA DE ESPELTA CON CORAZONES DE ALCACHOFA

1 ¼ de tazas de espelta integral
Agua
½ taza de piñones
¼ de kg de tomates secados al sol en conserva
con aceite
12 alcachofas

6 cucharadas de vinagre de arroz
Aceite de oliva
½ taza de cebolla roja picada fina
½ taza de perejil fresco picado
Sal marina
Pimienta recién molida

---

1 Lavar bien los granos de espelta y dejarlos en remojo toda la noche.

2 Ponerlos a hervir con cinco tazas de agua y un poco de sal, a fuego alto. Cuando hiervan de lo lindo, bajar a fuego bajo-medio y tapar. Cocerlos durante 90 minutos.

3 Mientras tanto, en una cazuela pequeña, tostar ligeramente los piñones unos 2 o 3 minutos, vigilando que no se doren en exceso. Reservarlo.

4 Escurrir los tomates, reservando el aceite, y cortarlos en juliana.

5 Poner la cebolla en un bol, salarla un poco y mezclarla bien. Dejarla reposar así unos 30 minutos.

6 Sacar las hojas exteriores de las alcachofas y pelarlas hasta que queden solo los corazones. Cortarlos a cuartos, sacar la parte fibrosa del interior y hervirlos con agua y sal marina unos 5 minutos. Escurrirlo.

7 En un bol grande, mezclar el vinagre, 1 cucharada del aceite de los tomates y 2 cucharadas de aceite de oliva. Añadir los tomates, la espelta, los corazones de alcachofa, la cebolla bien escurrida, el perejil y los piñones y mezclarlo todo bien. Rectificar de sal y pimienta y servirlo.

Observaciones

La alcachofa es un producto de temporada, así que no está disponible todo el año. Si os apetece también podéis usar corazones de alcachofa en conserva ecológicos. No tienen las mismas propiedades que las frescas, pero son mucho más fáciles de usar.

ENSALADA TIBIA DE LENTEJAS Y COL KALE

4 zanahorias, peladas y cortadas en dados

1 cebolla roja grande, cortada en medias lunas

Sal marina y pimienta recién molida

1 manojo grande de col kale cortada en trozos pequeños

1 taza de lentejas del Puy (200 g)

2 ramitas de tomillo fresco

4 dientes de ajo

1 litro de caldo de pollo o de verduras

6 lonchas finas de jamón

1 cucharadita de vinagre de arroz

Aceite de oliva

---

1 Saltear la cebolla en una cazuela grande a fuego medio con un poco de aceite y una pizca de sal, hasta que empiece a ablandarse. Añadir las zanahorias y saltearlo todo unos 15 minutos, vigilando que la cebolla se caramelice un poco pero que no se queme.

2 Añadir la kale y cocerlo todo hasta que esté tierna, unos 6 minutos. Poner el contenido de la cazuela en un bol.

3 En la misma cazuela, poner las lentejas, el tomillo, los ajos, el caldo y una pizca de sal y otra de pimienta. Llevarlo a ebullición, bajar el fuego al nivel medio y cocerlo a fuego lento, tapado, unos 25 minutos, hasta que las lentejas estén blandas.

4 Cortar el jamón bien fino y saltearlo en una sartén con un poco de aceite hasta que esté crujiente, unos 6 minutos.

5 Escurrir las lentejas y descartar el tomillo y el ajo. Ponerlas en la cazuela junto con el resto de ingredientes (kale, cebolla, etc.) que estaban en el bol, rectificar de sal y mezclarlo bien.

6 Servir en un plato con un poco de jamón crujiente por encima.

Observaciones

El jamón es totalmente opcional, pero le da al plato un toque especial que vale la pena.

ENSALADA DE HINOJO CON NARANJAS SANGUINAS Y PARMESANO

1 bulbo grande de hinojo

2 naranjas sanguinas

½ taza de dátiles Medjool picados en trozos grandes

¼ de taza de aceite de oliva virgen extra

Sal marina y pimienta recién molida

1 taza de queso parmesano rallado

Aceite de oliva

---

1   Recortar el hinojo para eliminar las capas más duras y fibrosas y reservar las hojas. Cortarlo en rodajas bien finas con la ayuda de una mandolina o un cuchillo bien afilado y mezclarlas con las hojas en un bol.

2   Pelar las naranjas, sacar los gajos y cortarlos por la mitad, vigilando que el zumo caiga dentro de un bol. Después mezclar los gajos con el hinojo, los dátiles picados en trozos grandes, 5 cucharadas de aceite de oliva, la sal marina y la pimienta y mezclarlo todo muy bien.

3   Repartir en platos individuales y esparcir un poco de queso parmesano por encima.

ENSALADA DE JUDÍAS VERDES, LEGUMBRES Y ESPINACAS

250 g de judías verdes

500 g de alubias pintas cocidas

125 g de espinacas baby

Aceite de oliva

Vinagre de arroz o de manzana

¼ de cuchara de mostaza de Dijon

1 cucharadita de sésamo tostado triturado ligeramente

PARA 4 PERSONAS ————————————————————————

1 Cortar las judías en juliana, escaldarlas en agua hirviendo con sal unos 3 o 4 minutos y después ponerlas en agua helada.

2 Hacer una vinagreta con el aceite, el vinagre, la mostaza y el sésamo.

3 Mezclar las judías, las legumbres y la vinagreta en un bol.

4 En un plato, poner una capa de espinacas baby y encima la mezcla de judías y legumbres con la vinagreta.

Vinagre de arroz

En nuestro país estamos acostumbrados a usar vinagre de vino, pero hay otros vinagres que son excelentes para la salud, como el vinagre de arroz. Proviene de Oriente y está elaborado a partir de la fermentación del arroz. Tiene un sabor muy suave y ligeramente ácido y es uno de los ingredientes básicos para preparar el sushi.

Entre otras propiedades, nos ayuda a eliminar bacterias perjudiciales, bloquea el efecto de los radicales libres que aceleran nuestro envejecimiento y también sirve para combatir el exceso de colesterol. También mejora la digestión, es ligeramente diurético y evita que se acumule el ácido láctico en la sangre, que es el causante del cansancio muscular, como saben bien los deportistas.

Lo podéis usar del mismo modo que el vinagre convencional.

ENSALADA DE PEPINO, HINOJO Y SEPIA

1 sepia grande

1 pepino pelado y cortado en rodajas muy finas

1 bulbo de hinojo

4 ramas de apio picadas finas o cortadas en rodajas finas

Un puñado de hojas de apio para decorar el plato

Medio limón

Aceite de oliva

Vinagre de arroz

1 pizca de mostaza a la antigua

1 cucharada de piñones tostados o el equivalente de almendras o avellanas ligeramente trituradas

Un puñado de hojas de rúcula, berro o escarola

Pimienta blanca recién molida

Sal marina

PARA 4 PERSONAS

1   Congelar la sepia, bien limpia y sin la piel, para poder cortarla a tiras muy finas.

2   Poner el pepino, el hinojo y el apio cortados en un bol con un poco de sal y 1 cucharada de vinagre de arroz y de zumo de limón. Dejarlo macerar todo durante 30 minutos.

3   Hacer una vinagreta con 2 cucharadas de vinagre de arroz, cuatro de aceite de oliva, una puntita de mostaza a la antigua y los piñones.

4   Saltear la sepia cortada muy fina en una sartén bien caliente pincelada con aceite, unos 4 minutos, y reservarla.

5   Apilar el pepino, el hinojo y el apio, unas cuantas hojas verdes y repartir la sepia encima. Decorar con las hojas del apio y aliñarlo todo.

SOPA DE TOMATE Y ALBAHACA CON QUESO

2 zanahorias medianas
2 ramas de apio
250 g de queso
500 ml de caldo de pollo o de verduras
1 kg de tomates maduros
1 taza de albahaca
4 dientes de ajo

8 rebanadas pequeñas de pan integral
4 tomates
1 cebolla
Pimienta negra
Aceite de oliva virgen extra
Sal marina

PARA 4 PERSONAS

1 Cortar la cebolla en dados pequeños y picar los ajos. Saltearlo todo en una cazuela con poco aceite, unos 10 minutos, hasta que la cebolla se empiece a dorar.

2 Cortar la zanahoria y el apio en dados pequeños y añadirlos a la sartén; cocerlos unos 6 minutos.

3 Pelar los tomates (ver el destacado), sacar las semillas y cortarlos en dados. Después, ponerlos en la cazuela con el caldo, un poco de sal y pimienta y cocerlo todo a fuego lento unos 10 minutos.

4 Lavar bien la albahaca, eliminar los tallos y cortar las hojas en tiras muy finas.

5 Rallar el queso, untar las rebanadas de pan con un poco de aceite, añadir el queso y gratinarlo hasta que se funda y esté bien dorado.

6 Incorporar la albahaca a la sopa, reservando un poco para decorar, y removerla bien.

7 Servir en un bol o un plato hondo, con las rebanadas de pan con queso aparte o encima. Decorar con la albahaca que se había reservado, con un hilo de aceite de oliva.

Observaciones y trucos

Podéis usar tomates pelados y enlatados, o una combinación de tomates de lata y tomates frescos.

Técnica
Pelar los tomates

Poner agua abundante a hervir. Con un cuchillo bien afilado hacer una cruz en la piel de la parte superior de los tomates. Introducirlos en el agua hirviendo solo 15 segundos. Sacarlos, enfriarlos en agua fría y la piel saldrá con mucha facilidad.

Para pelarlos también se pueden cortar los tomates a cuartos, eliminar las semillas y, con la piel tocando la madera de cortar y un cuchillo bien afilado, pelarlos con mucho cuidado. Esta técnica, sin embargo, requiere cierta habilidad con el cuchillo.

ALCACHOFAS CON GUISANTES Y SOPA DE MENTA

12 alcachofas

Aceite de oliva

1 cebolla picada fina

2 dientes de ajo picados finos

250 g de champiñones portobello cortados
en rodajas finas

1 ¼ litro de caldo de verduras

150 g de guisantes frescos

2 cucharadas de menta fresca picada

Sal marina y pimienta recién molida

PARA 4 PERSONAS

1   En una cazuela, saltear las cebollas a
fuego medio-fuerte con un poco de aceite
de oliva hasta que queden bien blandas.

2   Eliminar la parte externa de las
alcachofas, pelar los tallos, cortarlas a
cuartos y eliminar la parte fibrosa del
centro. Saltearlas con las setas y la cebolla
unos 4 minutos. Añadir el caldo y llevarlo
a ebullición. Después bajar el fuego y
cocer a fuego lento, sin tapar, hasta que las
alcachofas estén tiernas pero no blandas,
unos 10 minutos.

3   Añadir los guisantes y cocerlos
3 minutos. Añadir la menta, rectificar de
sal y pimienta y servir la sopa.

SOPA THAI PICANTE CON GAMBAS

1 ½ tazas de boniatos triturados

2 cebollas medianas

500 ml de caldo de pollo o de verduras

2 dientes de ajo

1 cucharadita de pasta de curri

½ cucharadita de jengibre fresco

1 taza de gambas medianas peladas o langostinos

1 taza de guisantes congelados

2 limas

Cilantro o perejil

PARA 4 PERSONAS

1 Mezclar bien los boniatos con el caldo con un robot de cocina o una batidora. Después poner la crema que se ha obtenido en una cazuela con el jengibre o la pasta de curri y cocerlo todo a fuego lento durante 10 minutos.

2 Subir un poco el fuego y añadir los guisantes a la cazuela y, después de 3 minutos de cocción, las gambas. Cocer 2 minutos más.

3 Apartarlo del fuego y añadir el zumo de una lima y media. Cortar la lima en rodajas muy finas y usarlas para decorar la sopa, junto con el cilantro o el perejil picados.

Observaciones

Podéis cambiar las limas por limones (si es así, solo os hará falta uno grande), y la pasta de curri por curri en polvo (1 cucharada).

Para completar esta sopa y hacer un plato completo, podéis añadir un poco de arroz integral ya cocido, o unos fideos de arroz o de trigo.

+ SUPERALIMENTO: JENGIBRE

Lo comemos en los restaurantes japoneses, pero lo cierto es que en casa no lo utilizamos. Se trata de una raíz picante que tiene efectos medicinales muy potentes.

Por ejemplo, incrementa el nivel de energía y calienta el organismo. También nos ayuda a mejorar la digestión porque estimula el páncreas y aumenta la producción de enzimas que favorecen la digestión, en especial la de alimentos ricos en proteína, como la carne o las legumbres, y también ayuda a reducir el efecto del ácido úrico.

Tradicionalmente se ha usado para tratar todo tipo de afecciones intestinales, desde la gastroenteritis hasta la diarrea y, curiosamente, también ayuda a ir de vientre, porque el gingerol que contiene estimula los movimientos peristálticos de los intestinos. Ayuda a combatir las náuseas, es un **antibacteriano** muy potente, favorece la buena circulación, es un buen antiinflamatorio y analgésico y —esta os gustará— puede ser afrodisíaco.

Lo podéis usar como un ajo: incorporarlo a las sopas e incluso rallarlo. Eso sí, mejor en pequeñas cantidades, porque tiene un sabor muy intenso.

SOPA DE POLLO CON ÑOQUIS, ALBAHACA Y QUESO PARMESANO

2 pechugas de pollo ecológico sin piel cortadas por la mitad

Aceite de oliva

Sal marina y pimienta recién molida

1 cebolla pequeña, picada fina

2 dientes de ajo, picados finos

1 litro de caldo de pollo o vegetal

455 g de tomates cortados en dados medianos, sin piel

545 g de ñoquis de patata (ver la receta en la página 129)

30 g de espinacas

10 g de albahaca fresca picada

Queso parmesano rallado (opcional)

PARA 4 PERSONAS

1 Calentar el horno a 190° C.

2 Poner las pechugas en una bandeja para hornear, pinceladas con un poco de aceite y con un poco de sal y pimienta. Hornear el pollo unos 15 minutos. Después cortarlo en trozos pequeños.

3 En una cazuela grande con un poco de aceite de oliva saltear a fuego medio-alto la cebolla y el ajo, hasta que la cebolla quede traslúcida, aproximadamente 5 minutos. Añadir el caldo, los tomates y hacer que hierva.

4 Añadir los pollo y los ñoquis y cocerlo todo durante 5 minutos.

5 Retirarlo del fuego, añadir las espinacas y rectificar de sal y pimienta.

6 Servir decorado con la albahaca y el queso parmesano.

Observaciones

En vez de usar tomate fresco, también podéis utilizar tomates enteros enlatados.

Tampoco hace falta que horneéis el pollo; lo podéis cortar en trozos, incorporarlo al caldo y cocerlo 10 minutos más, hasta que quede blanco.

VICHYSSOISE DE COCO CON FRUTOS DEL MAR

Esta es una adaptación libre de un plato del chef Jordi Cruz, simplificando algunos ingredientes y técnicas

1 kg de pulpa de coco
6 puerros
200 g de patatas
100 ml de vino blanco
2 litros de caldo vegetal
8 almejas medianas

8 langostinos
8 berberechos
Sal marina
Pimienta blanca
Miso blanco
Perejil picado

PARA 4 PERSONAS

1 Lavar bien los puerros, cortar la parte blanca en juliana y saltearlos en una sartén con un poco de aceite y sal a fuego bajo-medio. Pasados 5 minutos, añadir las patatas sin piel, cortadas en dados medianos, y continuar la cocción hasta que las verduras estén blandas, pero que no cojan color.

2 Añadir el vino y cocerlo todo a fuego medio unos 3 minutos, hasta que el vino se haya reducido un poco.

3 Incorporar un litro y medio de caldo y ponerlo a cocer unos 10 minutos más. Después, añadir la leche de coco.

4 Apartarlo del fuego, añadir 1 cucharada de miso blanco y rectificar de sal y pimienta.

5 Triturar con un robot de cocina o una batidora hasta que se obtenga una crema bien fina. Se puede rectificar la consistencia añadiendo más caldo.

6 Escaldar brevemente las almejas y los berberechos con agua salada hasta que se abran y reservarlos.

7 Pelar los langostinos y escaldarlos, pero sin cocerlos en exceso. Después cortar cada langostino en tres trozos y reservarlos.

8 Servir repartiendo las almejas, los berberechos y los langostinos en un plato hondo y añadir la *vichyssoise* de coco.

9 Decorar con un poco de perejil picado y un chorrito de aceite de oliva.

Observaciones y trucos

Si os apetece y os lo podéis permitir, podéis cambiar los langostinos por gambas.

Podéis añadir un toque cítrico a la sopa para hacerla más refrescante mezclando aceite de oliva macerado con piel de limón o mezclado con un poco de zumo de limón o de lima.

CEBICHE VEGETAL DE CHAMPIÑONES

400 g de champiñones
1 pimiento rojo picante
1 cebolla
2 limones o limas
Cilantro
Aceite de oliva
Sal marina
Pimienta

PARA 4 PERSONAS ——————————————————————

1 Lavar bien los champiñones y cortarlos en láminas finas. Ponerlos en un recipiente de vidrio y añadir el zumo de los limones o limas. Dejar que macere.

2 Cortar el pimiento en dados pequeños y la cebolla en medias lunas. Ponerlo todo en un bol. Lavar el cilantro, secarlo bien y añadirlo, descartando los troncos. Salpimentarlo, añadir un chorrito de aceite de oliva y dejarlo macerar en la nevera entre una y dos horas antes de servir.

3 Mezclar el contenido del bol con los champiñones macerados y servirlo.

CEBICHE DE TOMATES CON AGUACATE Y COLIFLOR

2 tomates pelados y picados (sin semillas)
1 taza de cebollino picado
250 g de pepino
1 coliflor mediana, cortada en flores
2 aguacates cortados en trozos pequeños
1 taza de lechuga de hoja de roble
2 cebollas rojas cortadas en medias lunas

Para la salsa

1 cucharada de semillas de cilantro molidas
Pimienta negra
1 cucharadita de azúcar de coco
Zumo de un limón
2 cucharadas de yogur natural
Ralladura de naranja y el zumo
2 cucharadas de cilantro picado

PARA 4 PERSONAS

1 Batir bien todos los ingredientes para la salsa y dejarla reposar.

2 Pelar y cortar en dados los pepinos, ponerlos en un bol y añadir una pizca de sal; dejarlos así media hora y después secarlos y escurrirlos.

3 Escaldar la coliflor en abundante agua hirviendo y un poco de sal, solo 2 minutos, y ponerla enseguida en agua helada.

4 Cuando esté fría, mezclarla con el pepino y el resto de ingredientes y la salsa, y dejarlo reposar todo media hora.

5 Mezclar con la lechuga cortada en trozos pequeños y servir.

Observaciones y trucos

No es necesario que la lechuga sea de hoja de roble, puede servir cualquier otro tipo. Añadirla justo antes de servir el plato, porque en caso contrario se oscurece y pierde su aspecto fresco.

Técnica
Escaldar

Consiste en sumergir un alimento, normalmente una verdura, en agua hirviendo con un poco de sal durante un periodo de tiempo muy corto, que puede ir desde los 10 segundos hasta los 3 minutos, dependiendo del tamaño y del objetivo que persigamos (por ejemplo, para pelar los tomates solo hacen falta unos 15 segundos); después los alimentos escaldados se sumergen en agua con hielo para parar la cocción y fijar bien el color.

Tiene algunos inconvenientes y algunas ventajas: por un lado se pierden algunas vitaminas, pero menos que cuando se hierve, y se desactivan los enzimas, pero esto permite conservar el color intenso de la verdura. También el alimento se vuelve más digerible, se eliminan los microorganismos superficiales y se liberan algunos de los gases que se encuentran en los tejidos. La industria alimentaria a veces escalda algunas verduras antes de congelarlas, como por ejemplo los guisantes, para conservar su color.

platos principales ———

pollo

PICCATA DE POLLO CON ALCACHOFAS

3 pechugas ecológicas sin piel (unos 750 g en total)

75 g de harina de espelta

Sal marina y pimienta recién molida

Aceite de oliva

2 dientes de ajo picados finos

185 g de corazones de alcachofa

250 ml de vino blanco seco

125 ml de caldo de pollo o vegetal

1 limón

2 cucharadas de alcaparras

1 cucharada de perejil fresco

PARA 4 PERSONAS

1 Abrir las pechugas por la mitad y cortarlas a láminas finas con la ayuda de un buen cuchillo.

2 Poner la harina en un bol grande y sazonarla con un poco de sal y pimienta. Rebozar las pechugas con la harina.

3 En una sartén grande a fuego medio-alto, con unas 2 cucharadas de aceite de oliva bien caliente —pero que no humee; el aceite que ha humeado es tóxico— freír las pechugas hasta que estén doradas y reservarlas.

4 Saltear las alcachofas en una sartén con 1 cucharada de aceite caliente, durante 1 minuto, y después poner 1 cucharada de harina disuelta en un poco de líquido sin grumos y el vino, hasta que reduzca a la mitad, unos 3 minutos. Añadir el caldo, el zumo del limón y las alcaparras.

5 Reducir el fuego a media potencia y batir ligeramente hasta que la salsa espese, aproximadamente 5 minutos más.

6 Poner el pollo en la sartén y cocerlo con esta salsa, unos 2 minutos. Añadir el perejil y servirlo.

Observaciones

Este plato también se puede hacer sin rebozar previamente las pechugas.

La *piccata* es una preparación genérica de la cocina italiana para carnes y pescados que suele contener zumo de limón, mantequilla y especias. En este caso hemos sustituido la mantequilla por el aceite de oliva, más nuestro y más saludable.

POLLO MARINADO CON ENSALADA DE ESPINACAS Y FRUTOS SECOS

4 pechugas de pollo ecológico
(de unos 150 g cada una)

Las hierbas y especias que se prefieran
(orégano, romero, tomillo…)

30 ml de salsa tamari

El zumo de un limón

20 g de mugi miso

800 g de hojas de espinacas

40 g de rúcula

8 tomates cereza

60 g de nueces, almendras o avellanas

20 g de semillas de girasol o de calabaza

80 g de queso curado

Aceite de oliva

Aceite de calabaza virgen extra

Aceite de cáñamo virgen extra

PARA 4 PERSONAS

1 Poner a marinar el pollo como mínimo tres horas —pero es mejor hacerlo el día anterior—, las pechugas con las hierbas, 20 ml de salsa tamari, 20 ml de aceite de oliva y el zumo de limón.

2 Asar las pechugas en la sartén, dejar que se enfríen y cortarlas en filetes.

3 Hacer una vinagreta con 30 ml de aceite de oliva, 30 ml de aceite virgen de cáñamo, 10 ml de tamari, el miso y 30 ml de zumo de limón.

4 Montar una ensalada con el pollo, los tomates cereza cortados a cuartos, trozos de queso, los frutos secos, las semillas, las espinacas y la rúcula.

5 Aliñar con la vinagreta y servir.

Observaciones y trucos

El marinado, además de mejorar el sabor del pollo, permite que la proteína sea más fácil de digerir.

El pollo ecológico es más caro que el convencional, pero a cambio obtenemos un producto de alta calidad, que ha sido alimentado de manera ecológica, sin medicamentos preventivos y que ha crecido en un entorno espacioso, con luz del sol y ratos de aire libre. No hay color.

El mugi miso es miso hecho con soja y avena. Es de color oscuro y sabor muy intenso. Es mejor comprar miso sin pasteurizar, porque contiene enzimas vivos, que son mucho más saludables.

Si no tenéis aceite de cáñamo o de calabaza podéis usar otros aceites que tengáis por casa, siempre que sean virgen extra.

— legumbres

FILETES DE COLIFLOR CON VINAGRETA DE OLIVAS Y ENSALADA DE TOMATES Y ALUBIAS

400 g de alubias cocidas

2 coliflores medianas

4 dientes de ajo

500 g de tomates cereza (cherry)

250 g de olivas de Kalamata sin hueso

2 limones

¼ de taza de albahaca

Pimienta negra

Aceite de oliva

Sal marina

PARA 4 PERSONAS

1 Calentar el horno a 250° C. Con la ayuda de un papel de cocina, empapar una bandeja de horno con ½ cucharadita de aceite.

2 Cortar la coliflor en filetes y ponerlos en la bandeja, junto con las flores de coliflor que hayan quedado. Sazonar con aceite, sal y pimienta ambos lados de los filetes. Asarlos 15 minutos, darles la vuelta y continuar la cocción 5 minutos más. Ponerlos al grill del horno 3 minutos más, hasta que estén dorados.

3 Picar los ajos y las olivas y mezclarlo todo en un bol, con 2 cucharadas de aceite, el zumo de un limón y un poco de sal.

4 Preparar una vinagreta mezclando 6 cucharadas de aceite de oliva, el zumo del otro limón, una pizca de sal y un poco de pimienta.

5 Escurrir las alubias, enjugarlas bien con la ayuda de papel de cocina y mezclarlas con el ajo y las olivas.

6 Lavar los tomates, cortarlos a cuartos y añadirlos al bol con el resto de ingredientes. Triturar la albahaca y añadirla. Dejarlo macerar un poco.

7 Servir en un plato, aliñando los filetes de coliflor con la vinagreta, y añadir la ensalada de alubias al lado.

Observaciones y trucos

Podéis cambiar la albahaca por cebollino, perejil o incluso un poco de menta.

También podéis hornear los tomates unos 10 minutos; de este modo mejóráis la biodisponibilidad del licopeno, un antioxidante muy potente que contienen los tomates.

Si os apetece, podéis añadir pimientos, asados o crudos, pero que maceren un poco con el limón antes.

Cómo evitar el mal olor de la coliflor con la cocción

La coliflor y otras verduras de la familia de las crucíferas (brécol, col, col de Bruselas, nabos...) contienen componentes de azufre que están unidos a una molécula de azúcar y que son totalmente inodoros, siempre que no se pongan en contacto con un enzima que los transforma en aromáticos. Cuando los tejidos se rompen, debido a la cocción, por ejemplo, se liberan los componentes volátiles y los aromas, entre los cuales está el sulfuro de hidrógeno. Cuanto más tiempo se cuecen, más olor desprenden: de hecho, la cantidad de sulfuro de hidrógeno que se libera se duplica entre el quinto y el séptimo minuto de cocción y la coliflor se convierte en aquella verdura de reputación fatal que hace que toda la casa apeste. De todas maneras, 4 minutos de cocción, en función del corte, son suficientes.

La coliflor también tiene fama —y bien merecida— de provocar gases; para evitarlos, se puede empezar la cocción utilizando el agua fría, así el enzima que provoca los gases se elimina.

ESTOFADO DE ALUBIAS CON VERDURAS Y *TAHINA*

400 g de alubias grandes cocidas
250 g de brécol
100 g de chirivía
100 g de boniato
100 g de cebolla

2 dientes de ajo
1 cucharada sopera de *tahina* blanca
200 ml de caldo vegetal o agua
Aceite de oliva
Sal marina

PARA 4 PERSONAS

1   Cortar la cebolla en dados pequeños y saltearlos en la sartén con un poco de aceite, con los ajos cortados en láminas, hasta que empiecen a dorarse.

2   Sin parar la cocción, añadir las chirivías cortadas en rodajas.

3   5 minutos después, añadir los boniatos cortados en dados medianos.

4   Cubrirlo todo con el caldo y, cuando hierva, añadir el brécol cortado en flores pequeñas y cocerlo unos 5 minutos.

5   Bajar el fuego, añadir las alubias y la *tahina* y cocerlo unos 3 o 4 minutos para que quede todo ligado.

Observaciones y trucos

En vez de boniato también podéis poner calabaza o zanahoria.

Tampoco hace falta que las alubias sean grandes, si no las encontráis así otro tipo también servirá.

Podéis cocer el brécol a parte, durante 3 minutos, siempre que esté cortado en flores pequeñas.

La *tahina* es pasta de sésamo. La encontraréis tostada y blanca; aquí hemos optado por la blanca por razones puramente estéticas.

+ MÁS SUPERALIMENTOS: EL BRÉCOL, PODER ANTIOXIDANTE

No todos los superalimentos tienen nombres exóticos o vienen de otros continentes. El brécol es un ejemplo. Se trata de una hortaliza de la familia de las crucíferas, conocida porque es una de las verduras que contiene más cantidad de nutrientes por unidad de producto comestible. Destacan sus propiedades antioxidantes, gracias a sustancias como los betacarotenos y la vitamina C; de hecho, contiene el doble de vitamina C que la naranja. También está cargada de ácido fólico (B9), calcio, hierro, potasio, compuestos de azufre y sustancias que pueden ayudar a prevenir el cáncer. Eso sí, para no perder estas propiedades debemos que ser muy cuidadosos cuando lo cocinamos y hervirlo poco tiempo o, todavía mejor, cocerlo al vapor.

HUMMUS DE ALUBIAS Y CÚRCUMA

500 g de alubias blancas
Aceite de oliva
1 ajo entero asado pelado o 2 dientes
de ajo crudos
1 cucharadita de cúrcuma
1 cucharada de *tahina*

Una pizca de canela en polvo
El zumo de ½ limón
Una pizca de pimienta roja dulce
Una pizca de sal marina
1 cucharadita de pasta de umeboshi
o de vinagre de umeboshi

PARA 4 PERSONAS

1 Triturarlo todo hasta obtener una
crema y ya estará listo.

Vinagre de umeboshi

Se elabora a partir de ciruelas japonesas fermentadas, las famosas *ume*. Lo podemos usar exactamente igual que el vinagre convencional, pero con cuidado, porque es un producto muy ácido y salado, y también sirve para hacer salsas para acompañar verduras y ensaladas. También nos puede ahorrar la sal en muchas preparaciones: por ejemplo, cuando hagamos un hummus.

Tiene muchas de las propiedades de las ciruelas *ume*: alcaliniza la sangre, es un antiséptico natural, mejora el funcionamiento del hígado y, por lo tanto, la salud del organismo en general y también favorece la secreción de jugos gástricos y mejora la digestión. Contiene muchos minerales y ayuda a combatir el agotamiento.

Lo encontraréis en comercios especializados y en cualquier establecimiento con productos ecológicos de buena calidad.

Observaciones

Encontraréis *tahina* con sal y sin sal, y también tostada o blanca. En este caso, os recomiendo la blanca, porque la tostada oscurece demasiado el hummus, pero tampoco pasa nada si usáis la otra.

En los hummus, la *tahina* no es opcional: además de proporcionar un sabor mucho más interesante a la receta, también es el ingrediente que permite completar los aminoácidos de la legumbre para formar proteína completa. En su defecto podéis usar crema de almendras o de avellanas, ambas sin azúcar.

HUMMUS DE BRÉCOL CON ALMENDRAS

250 g de garbanzos cocidos

½ taza de almendras crudas remojadas

1 cucharada de comino

Aceite de oliva

1 cucharada de *tahina*

2 cucharadas del agua de la cocción del brécol

1 cucharada de maca (opcional)

Sal marina

1   Cortar el brécol en flores medianas y el tronco en láminas finas y hervirlo unos 5 minutos en dos dedos de agua y una pizca de sal. Poner el brécol en agua helada para fijar el color y parar la cocción.

2   Poner el brécol y el resto de ingredientes en un robot de cocina o una batidora y triturarlo todo, hasta obtener una masa uniforme. Puede ser más o menos consistente; personalmente prefiero que no sea demasiado fina.

+ UN SUPERALIMENTO: LA MACA   Antes de hablar de las propiedades de la maca, quiero recordar que ningún alimento o producto, por maravilloso que sea, puede sustituir los beneficios de una dieta equilibrada. Dicho esto: ¿Qué es la maca? Es una planta originaria de los Andes que los indígenas han usado tradicionalmente por sus propiedades estimulantes, reconstituyentes y energéticas. Como todos los llamados superalimentos, contiene una concentración muy elevada de nutrientes que le proporcionan todo tipo de propiedades. Destaco algunas: aumenta el colesterol bueno, mejora el funcionamiento de las neuronas, incrementa las defensas (es muy rico en zinc), alivia el dolor premenstrual y algunos síntomas de la menopausia (insomnio, sofocos o las alteraciones del estado de ánimo), mejora la anemia (contiene mucho hierro) o reduce el estrés. Se suele vender en cápsulas o en polvo, que es mucho más cómodo para añadir a las preparaciones. No tiene contraindicaciones descritas, pero no se debe tomar en exceso, y es apto para niños (no bebés), adultos y gente mayor.

HUMMUS DE REMOLACHA

3 remolachas crudas sin piel

2-3 cucharadas de pasta de sésamo (*tahina*)

½ taza de semillas de girasol

4 cucharadas de aceite de oliva de primera presión en frío

Sal marina sin refinar

1 cucharadita de comino en polvo

1 cucharadita de pasta de umeboshi (opcional)

1 diente de ajo

PARA 4 PERSONAS

1 Poner todos los ingredientes en el robot y triturarlos hasta obtener la consistencia deseada.

2 Para decorarlo podéis usar pimienta dulce en polvo, comino, pimienta negra, semillas de sésamo, un chorrito de aceite, perejil, cebollino, etc.

+ SUPERALIMENTO: UMEBOSHI

La umeboshi es una variedad de ciruela de Japón que se deja secar al aire libre y que después se introduce en barriles con sal marina, donde fermenta durante dos años. Este proceso le proporciona muchas propiedades medicinales.

Las ciruelas *ume* contienen calcio, magnesio, potasio, fósforo y una buena cantidad de hierro. Estas ciruelas alcalinizan la sangre y, gracias al ácido cítrico que contienen, sirven para combatir el cansancio o los dolores musculares después de una buena sesión de deporte.

También son desintoxicantes, porque estimulan el funcionamiento del hígado, y son ideales para las digestiones lentas, para eliminar el exceso de ácido en el estómago y para combatir las alteraciones de las tripas, como el estreñimiento o las diarreas. Tienen efectos antioxidantes, y ayudan en caso de vómitos, cefaleas y náuseas y, mira por dónde, combaten los efectos de la resaca.

Encontraréis ciruelas enteras y también una pasta hecha con estas ciruelas que tiene las mismas propiedades. Tienen un sabor amargo y salado: o te gustan, o las odias.

Remolacha

La remolacha es una hortaliza poco consumida en nuestro país y es una lástima porque es muy saludable, siempre que no la compremos en conserva con azúcar. La remolacha es muy rica en hidratos simples, pero se absorben muy despacio porque también contiene otros muchos nutrientes. Tiene vitaminas del grupo B, que cumplen un montón de funciones; yodo, muy importante para la glándula tiroides; hierro; vitamina C, que precisamente ayuda a absorber mejor el hierro, y potasio y silicio, que nos ayudan a tener cabellos, uñas, huesos, piel y el resto de tejidos en perfecto estado de conservación. También nos ayuda a combatir el envejecimiento celular porque contiene antocianinas, unos antioxidantes muy potentes, que son, en parte, responsables del color rojo de esta hortaliza. Es diurética, protege el hígado y la vesícula y por eso tiene un papel importante en dietas depurativas o para desintoxicar el organismo.

En los comercios encontraréis remolacha fresca y también remolacha ya cocida, que es mucho más cómoda de usar.

CROQUETAS DE *TEMPEH* CON ZANAHORIAS

2 bloques de 250 g de *tempeh*

1 tira de 5 cm de alga wakame

4 cucharadas de tamari (salsa de soja)

4 zanahorias (ralladas finas y bien escurridas)

2 dientes de ajo picados muy finos

½ cucharadita de comino en polvo

Perejil picado fino

Aceite de oliva

Harina

---

1 Hervir el *tempeh* con agua que cubra la mitad del volumen, y con la salsa de soja y el alga kombu.

2 Cuando esté cocido, aplastarlo con la ayuda de un tenedor.

3 Mezclar todos los ingredientes en un bol grande hasta obtener una masa compacta y, cuando se haya enfriado un poco, formar croquetas.

4 Rebozar las croquetas con harina y freírlas en aceite bien caliente.

5 Secarlas con papel de cocina y servirlas.

+ SUPERALIMENTO: ALGA KOMBU

Dicen los especialistas que las algas serán la comida del futuro, por la enorme cantidad de nutrientes que contienen. Pero, ¿por qué no empezar hoy mismo? Y una alga ideal para empezar es el alga kombu. Tiene mucha fibra soluble e insoluble, provitamina A, vitaminas del grupo B, hierro, fósforo, zinc y más calcio que la leche y de más fácil absorción gracias al magnesio.

Pero lo más destacado son dos de sus nutrientes. El primero, el yodo. La kombu tiene cantidades muy importantes de este elemento y por eso estimula el funcionamiento de la glándula tiroides. Su efecto es tan potente que si tenéis problemas en esta glándula mejor que no abuséis de ella.

El segundo, el ácido algínico, una sustancia que ayuda a calmar los intestinos irritados y la gastroenteritis y elimina toxinas y metales pesados del organismo. También sirve para ablandar las legumbres, acortar su cocción y hacerlas más digeribles, y en general mejora el sabor de los alimentos.

¿Cómo la usamos? Si dejamos legumbres en remojo, podemos añadir una tira de unos 8 centímetros y después incorporarla a la cocción. Si la queremos cocer sola, debemos hervirla unos 30-40 minutos y la podemos añadir a la sopa o a cualquier otro plato. Si no se cuece bien no es fácil de digerir. Un consejo: no se puede abusar de las algas, porque la concentración de nutrientes que tienen es muy grande, en especial de minerales, y hacen trabajar los riñones en exceso. El equivalente de 1 cucharada al día es más que suficiente.

ARROZ CON TOFU Y COMBINACIÓN DE VERDURAS *RAW* AL DENTE

1 taza y media de arroz integral redondo

1 brécol o una coliflor pequeña

4 zanahorias medianas

2 cebollas medianas

2 dientes de ajo

8 champiñones

Un puñado de nueces y almendras crudas

1 pimiento rojo o verde pequeño

1 paquete y medio de tofu fresco

5 cm de alga kombu

Germinados

Tamari

Vinagre de arroz

Sal

PARA 4 PERSONAS

1 Lavar bien el arroz y ponerlo a hervir en una cazuela a fuego alto con tres tazas de agua, un poco de sal y el alga kombu. Cuando hierva con alegría, taparlo y bajar el fuego al mínimo. Dejarlo cocer 50 minutos.

2 Poner las nueces y las almendras crudas en un recipiente con agua que las cubra y reservarlas.

3 Cortar los bloques de tofu en rodajas medianas y dejarlas macerando en un recipiente tipo bol o similar con 3 cucharadas de tamari, 3 de agua y 1 diente de ajo picado.

4 Cortar el pimiento y los champiñones en láminas finas y ponerlas a macerar con 3 cucharadas de vinagre de arroz y una pizca de sal.

5 Mientras tanto, cortar las cebollas en medias lunas y los ajos en dados muy pequeños y saltearlo todo en una cazuela baja grande con poco aceite y una pizca de sal, unos 12 minutos, hasta que la cebolla esté transparente y empiece a dorarse.

6 Cortar las zanahorias usando el método rodado y ponerlas en una cazuela con agua fría que las cubra y sal. Llevarlas a ebullición y cocerlas 4 minutos. Después, ponerlas a enfriar en un recipiente con agua y hielo y reservarlas. Guardar el agua de la cocción.

7 Cortar el brécol o la coliflor en flores medianas y ponerlas a hervir en la misma agua donde habéis hervido las zanahorias, 4 minutos. Ponerlas en el agua con hielo y reservarlas. Conservar el agua de la cocción.

8 Poner el tofu y los frutos secos enjuagados en la cazuela con la cebolla y 3 cucharadas del líquido de macerar el tofu, y cocerlo unos 10 minutos.

9 Cuando el arroz esté cocido, añadirlo a la cebolla, el tofu y los frutos secos y poner también una taza del líquido de hervir las verduras. Cocer a fuego medio y removerlo bien.

10 Añadir las zanahorias y el brécol y calentar un par de minutos.

11 En un bol o plato hondo, poner el arroz con las verduras y encima los champiñones, los germinados y el pimiento. Decorarlo con perejil picado y servir.

+ SUPERALIMENTO: GERMINADOS

Los germinados son uno de los pocos alimentos que, si se han cuidado bien, cuando nos lo comemos todavía están vivos. De hecho, un germinado es una semilla que se está convirtiendo en una planta y por esta razón está cargado de nutrientes, sobre todo si tenemos en cuenta que los germinados son minúsculos. Contienen muchas vitaminas, minerales y antioxidantes, pero las sustancias más importantes y las que los convierten en un alimento clave son dos: la clorofila y los enzimas. La clorofila tiene un montón de virtudes, entre las cuales destaca la capacidad para ayudarnos a desintoxicar el organismo (parece ser que puede ayudar a eliminar aflatoxinas), es un gran antioxidante y, según algunos estudios, podría inhibir el crecimiento de células cancerígenas y neutralizar algunos compuestos carcinogénicos como las nitrosaminas (presentes en la carne y los procesados cárnicos), los hidrocarburos (contaminación) o las ya citadas aflatoxinas (hongos que en algunas ocasiones pueden contaminar los cereales, los frutos secos o algunas especias). Al presentar una estructura similar a la hemoglobina se suele decir que podría tener el mismo efecto en el organismo, pero no hay ningún estudio científico que avale esta teoría.

Los encontraréis de diversas verduras y legumbres, cada con sus propiedades: de lentejas, de puerro, de cebolla, de brécol, de alfalfa, de rábano... Es importante que los comamos crudos y en pequeñas cantidades. Los podemos añadir a los bocadillos, a las ensaladas o a cualquier plato.

BROCHETA DE TOFU CON CÚRCUMA Y SÉSAMO

300 g de tofu fresco, cortado en dados
1 pimiento cortado en cuadraditos
2 cebollas moradas
1 cucharada de zumo de limón
1 cucharada de sésamo negro
¼ de cucharada de pimienta negra

Cilantro o perejil fresco, picado fino
Aceite de oliva
1 cucharada de tamari (salsa de soja)
1 cucharada de vinagre de arroz
Sal marina

PARA 4 PERSONAS

1 Cortar las cebollas en rodajas finas y reservar algunas de las rodajas para picarlas (más o menos 1 cucharada).

2 Mezclar el limón, la cúrcuma, la mitad del cilantro, el tamari, la cucharada de cebolla picada, aceite, sal y poner el tofu a macerar durante 1 hora.

3 Dejar la cebolla macerando con el vinagre de arroz y un poco de sal, unos 20 minutos.

4 Formar brochetas intercalando los dados de tofu con los cuadraditos de pimiento y hacer las brochetas a la plancha.

5 Esparcir el resto de cilantro y el sésamo negro por encima y servirlas.

Observaciones y trucos

Podéis usar otros tipos de tofu, como el tofu ahumado o el tofu italiano.

En vez de pimiento, también podéis poner calabacín, champiñones, cuadraditos de cebolla, etc.

BOL DE GUISANTES CON NUECES Y QUINOA

240 g de quinoa

500 g de guisantes congelados o frescos

150 g de nueces

8 cucharaditas de aceite de oliva

4 dientes de ajo

Una pizca de copos de chile o 1 cucharadita de chile en polvo

200 g de col kale

2 calabacines

2 cucharaditas de tamari (salsa de soja)

El zumo de una lima o un limón

Sal marina

Pimienta negra

PARA 4 PERSONAS

1   Poner la quinoa a hervir en una cazuela con el doble de agua y una pizca de sal marina. Cuando el agua burbujee, tapar la cazuela y bajar la temperatura a fuego medio-bajo. Cocerlo veinte minutos, hasta que haya perdido toda el agua.

2   Tostar ligeramente las nueces en la sartén —es muy importante que no se quemen— y añadir 1 cucharada de tamari. Reservarlas.

3   Cortar los calabacines y la kale en trozos pequeños.

4   En la misma sartén, sin las nueces, poner 4 cucharaditas de aceite y los copos de chile. Cuando esté bien caliente añadir los calabacines y la kale y saltearlo todo unos 6 o 7 minutos.

5   Poner los guisantes en una cazuela cubiertos con agua y una pizca de sal marina y hervirlos solo 2 minutos. Colarlos y triturar la mitad de los guisantes con 4 cucharaditas de aceite de oliva, el zumo de la lima, un poco de sal y pimienta, hasta que se convierta en un puré.

6   Mezclar la quinoa con el resto de los guisantes, el calabacín y la kale, 1 cucharada de tamari y 1 cucharada de aceite, y mezclarlo todo bien.

7   Se puede servir la quinoa con el puré al lado, o mezclarlo todo para que tenga una textura más cremosa.

8   Ponerlo en un bol y finalizar el plato añadiendo unas cuantas nueces por encima.

FILETES DE TOFU A LA PLANCHA

2 paquetes de tofu fresco de 250 g
½ vaso de salsa tamari
1 diente de ajo picado fino
Hierbas aromáticas (tomillo, romero, orégano)
Perejil picado
Aceite de oliva

PARA 4 PERSONAS

1   Cortar el tofu en filetes y ponerlos
en una fuente de vidrio con el tamari,
2 cucharadas de agua, 1 cucharadita de
hierbas, ajo y aceite, y mezclarlo todo
bien. Taparlo con papel film y dejarlo
macerando al menos 1 hora por cada
lado.

2   Saltear los filetes de tofu en una sartén
con aceite caliente, hasta que cojan un
poco de color.

3   Decorarlos con el perejil y servirlos.

HAMBURGUESAS FLEXITARIANAS

Hamburguesas vegetales

300 g de cebolla, piel de calabacín
y zanahoria, picados y salteados

1 diente de ajo

200 g de alubias o garbanzos cocidos
pasados por el pasapuré

100 g de mijo, trigo sarraceno y arroz
integral cocidos

60 g de pollo cocido y desmenuzado

60 g de alga hiziki o arame cocida
y troceada

3 cucharadas de perejil picado

1 cucharada de mugi miso

1 cucharada de tamari

2 cucharadas de aceite de oliva

1 cucharada de semillas de sésamo tostadas

2 cucharadas de pan integral rallado

1 huevo batido

PARA 4 PERSONAS

1 En un bol bien grande mezclar
bien todos los ingredientes, hasta que se
obtenga una masa uniforme.

2 Formar las hamburguesas y dejar que
reposen en la nevera una hora al menos.

3 Dorarlas en la sartén por ambos lados
y servirlas con hojas verdes.

— pescado

COCA DE SARDINAS CON ESPÁRRAGOS

16 sardinas medianas frescas, limpias y
fileteadas
Masa para coca
16 espárragos verdes
Sal marina
1 pimiento rojo
1 calabacín
2 cebollas tiernas
1 limón

1 cucharada de vinagre de arroz
½ cucharada de melaza de arroz
½ cucharada de tamari
Aceite de coco virgen extra
Aceite de oliva
Rúcula
50 g de pistachos

PARA 4 PERSONAS

1 Cortar el calabacín en láminas muy finas, añadir el zumo de medio limón y un poco de sal y mezclarlo todo. Dejarlo reposar 15 minutos como mínimo.

2 Asar los pimientos y las cebollas o cocerlos en la sartén con un poco de aceite hasta que estén blandos y cortarlos en trozos largos y delgados.

3 Formar 8 cocas de unos 9 x 6 cm. Poner los pimientos, la cebolla y los filetes de sardina con la piel hacia arriba, 4 filetes en cada coca, con un poco de sal y aceite encima.

4 Hornear las cocas, unos 15 minutos, con el horno a 220 °C y reservarlas.

5 Lavar los espárragos, eliminar la parte más dura de los troncos (unos 3 cm empezando por abajo) y escaldarlos en agua hirviendo con un poco de sal, unos 2 minutos. Después ponerlos en agua helada para cortar la cocción y preservar el color.

6 Hacer una vinagreta con el vinagre de arroz, la melaza, 2 cucharadas de aceite de coco, 2 cucharadas de zumo de limón y los pistachos triturados.

7 Montar el plato poniendo las cocas, dos espárragos y la rúcula encima y aliñándolo todo con la vinagreta.

Observaciones

Los días que tengáis mucha prisa, podéis usar caballa enlatada de buena calidad en vez de sardinas y sustituir la coca por una rebanada de pan de payés integral.

MASA DE COCA INTEGRAL CASERA

Si preferís hacer la masa de coca, os proporciono una receta rápida hecha con harina integral, que no se suele encontrar en los establecimientos.

200 g de harina integral de espelta

110 g de agua mineral

50 g de aceite de oliva

5 g de levadura de panadería

4 g de sal

---

1 Pasar la harina por un tamiz fino, y ponerla en un bol. Disolver la levadura en un poco de agua caliente. Formar un volcán y hacer un agujero en medio, donde se añadirán el resto de ingredientes. Trabajar la masa y, cuando esté uniforme y no se enganche en los dedos, dejarla reposar para que fermente unos 30 minutos como mínimo.

MERLUZA AL LIMÓN

4 trozos de merluza con la piel, de unos 150 g

1 limón

1 taza de berros

Aceite de oliva

1 cucharadita de mostaza a la antigua (opcional)

Perejil

PARA 4 PERSONAS

---

1 Dejar los trozos de merluza macerando en un recipiente de vidrio con 3 cucharadas de agua y el zumo del limón, reservando 1 cucharada, unos 30 minutos.

2 Secarlos bien, salpimentarlos y pasarlos por una sartén bien caliente con aceite de oliva, por el lado de la piel, unos 6 minutos. Cocerlos por el otro lado 2 minutos.

3 Hacer una vinagreta con 3 cucharadas de aceite de oliva, 1 de zumo de limón y la mostaza. En el plato, hacer un lecho con los berros, aliñarlos y poner la merluza encima. Servirlo.

Observaciones

El macerado del pescado con el limón lo hace más sabroso, más meloso y mucho más fácil de digerir.

Podéis usar rape, lenguado, gallo, dorada o cualquier pescado blanco que os apetezca.

MERLUZA CON CREMA DE JUDÍAS VERDES

600 g de lomos de merluza
1 ½ litro de caldo vegetal
600 g de judías verdes peronas
4 cebollas tiernas
2 patatas

100 ml de aceite de oliva
1 limón
Sal marina
Pimienta negra
Perejil

PARA 4 PERSONAS

1   Cortar la merluza en cuatro lomos grandes, conservando la piel (mirar que esté bien escamada). Dejarlo macerando con el zumo de un limón y un poco de agua (3 cucharadas) unos 15 minutos. Después, secar los trozos con papel de cocina y reservarlos.

2   Cocer las patatas en el caldo vegetal, unos veinte minutos o hasta que estén blandas.

3   Cortar las cebollas tiernas en medias lunas y saltearlas en una cazuela a fuego medio con un poco de aceite de oliva y una pizca de sal, unos 10 minutos, hasta que estén bien blandas y se empiecen a dorar.

4   Cortar las judías en juliana, añadirlas a la cazuela con las cebollas salteadas, el caldo y las patatas y hervir a fuego fuerte 5 minutos.

5   Sacar las judías y sumergirlas en agua helada para preservar el color verde intenso y parar la cocción.

6   Con un buen robot de cocina, triturar las patatas, los 100 ml de aceite de oliva y las judías con el caldo (pero reservar algunas para decorar) hasta que quede una crema uniforme y fina. Si han quedado trozos pequeños sin triturar, colarla. Reservar la crema.

7   Salpimentar la merluza y freírla en una sartén con aceite bien caliente (pero que no humee) por el lado de la piel, unos 3 o 4 minutos. Después freírla por el otro lado 1 minuto más.

8   Para montar el plato, usar uno grande y hondo: poner el pescado, añadir la crema de judías alrededor y decorar con las judías que se ha reservado y un poco de perejil picado.

Técnica
Cortar en juliana

La juliana es una técnica que consiste en cortar las verduras en tiras largas y finas. Este corte permite disminuir considerablemente los tiempos de cocción.

SALMÓN AL VAPOR CON CHERMULA

4 filetes de salmón de unos 185 g cada uno, sin piel

Para la chermula

4 dientes de ajo

10 g de hojas de cilantro fresco

10 g de hojas frescas de perejil

60 ml de zumo de limón fresco

1 cucharadita de sal marina

1 ½ cucharadita de pimentón

3 o 4 de cucharaditas comino molido

1 guindilla fresca

125 ml de aceite oliva

PARA 4 PERSONAS ──────────────────────────

1　Para hacer la chermula, triturar los dientes de ajo con la ayuda de un robot de cocina o batidor eléctrico, después añadir el resto de ingredientes excepto el aceite. Cuando esté todo bien triturado, añadir el aceite despacio mientras se continua batiendo hasta que se obtenga una salsa espesa.

2　Reservar 3 cucharadas de chermula y poner el resto en la nevera.

3　Poner el salmón en una bandeja y frotar ambos lados con las 3 cucharadas de chermula. Después, cubrirlo con papel film y refrigerar un par de horas aproximadamente.

4　Pasado este tiempo, sacar el pescado y la salsa restante de la nevera y dejar que repose a temperatura ambiente durante 20 minutos.

5　En un recipiente adecuado, cocer el salmón al vapor, unos 8 minutos.

6　Servir cada filete de salmón con 1 cucharada generosa de chermula.

La chermula

La chermula es una salsa agridulce espesa típica de la cocina árabe. Los ingredientes pueden variar, pero normalmente la base está hecha con cilantro, ajo, zumo de limón y aceite de oliva. Se usa para adobar, rellenar o como salsa para dar sabor al pescado, a la carne, a las verduras, a los tagines de cordero o al cuscús.

Observaciones

La cocción al vapor del salmón respeta más sus propiedades nutricionales.

CEBICHE DE GAMBAS Y PULPO CON VERDURAS

4 gambas escaldadas

100 g de pescado blanco (mero, lenguado, corbina, jurel)

40 g de pulpo o calamar hervido

8 almejas o berberechos

4 cucharadas de cilantro picado

1 cebolla roja pequeña

½ pepino

4 tomates cereza

Salsa de cebiche según Nobu

4 cucharadas de zumo de limón

4 cucharaditas de zumo de yuzu (opcional)

Una pizca de sal

1 cucharadita de tamari (salsa de soja)

½ cucharadita de ajo picado muy fino

½ cucharadita de jengibre fresco rallado

½ cucharadita de pimienta negra fresca

1 cucharadita de pasta de ají amarillo (pimiento)

PARA 4 PERSONAS

1 Mezclar todos los ingredientes de la salsa de cebiche.

2 Cortar la cebolla en medias lunas, el calamar en tiras delgadas, los tomates cereza por la mitad y el resto de los ingredientes en trozos medianos. En un bol, mezclarlos con la salsa.

3 Escaldar las almejas o berberechos y, cuando se abran, ponerlos en agua helada.

4 Montar el plato formando una pila con los ingredientes y las almejas o berberechos encima de todo y decorar con cilantro picado o con una hoja entera.

Las infinitas posibilidades del cebiche

Según cómo se mire, el cebiche se puede considerar una ensalada elaborada con los ingredientes macerados, y esto aumenta la digestibilidad y la biodisponibilidad de determinados nutrientes. Vale la pena ser imaginativos: el cebiche admite muchas variaciones, ya sea con pescado o solo con verduras. Por ejemplo, podéis preparar uno con tomates: necesitáis 4 tomates de pera o maduros cortados en cuartos, 12 tomates cereza (tomates cherry) rojos o amarillos cortados en cuartos, media cebolla roja (o cualquier otra variedad) cortada en medias lunas muy finas, 4 cucharaditas de cilantro picado y la salsa de cebiche Nobu. Podéis añadir también 1 aguacate cortado en dados medianos. Lo dejáis macerar todo en un bol con la salsa unos 20 minutos antes de servir, fuera de la nevera. Si queréis que tenga un aspecto más delicado podéis escaldar los tomates de pera 10 segundos y retirar la piel, pero en la piel hay nutrientes muy interesantes. La cuestión es ir variando. También podéis poner algunos granos de maíz tostado, para añadir un toque crujiente al conjunto.

BACALAO MARINADO DE MIREIA ANGLADA

1 kg de bacalao desalinizado
200 g de zumo de naranja
1 cucharada sopera de té ahumado
2 cucharadas de la parte verde de la cebolla tierna cortada muy fina
300 g de olivas verdes sin hueso
2 anchoas
1 cucharada de miel o jarabe de agave

800 g de tomates cortados en dados pequeños, sin piel ni semillas
20 gajos de naranja
2 huevos pasados por agua
Cebollino a tiras
Aceite de oliva
Una taza de hojas de rúcula o brotes tiernos

PARA 4 PERSONAS

1 Poner el zumo, el té y la parte verde de la cebolla cortada en un recipiente unas horas y después colarlo. Pelar el bacalao y reservar la piel. Sumergir el pescado en el líquido y dejarlo marinando 12 horas. Cortarlo en filetes de aproximadamente medio centímetro de ancho.

2 Hacer una *tapenade*: poner las aceitunas verdes, las anchoas, 50 g de aceite de oliva y la miel o el agave en una cazuela, calentarlo todo, triturarlo y pasarlo por un tamiz. Después, reservarlo.

3 Cortar la piel del bacalao en 8 triángulos, enharinarla y freírla hasta que esté crujiente. Secarla con papel de cocina, salarla y reservarla.

4 Para servir, en cada plato hacer un lecho con los dados de tomate y poner encima 6 filetes de bacalao, alternando un filete con los gajos de las naranjas. Con el *tapenade* dibujar una hilo de salsa que rodee una parte del bacalao.

5 Romper sin miramientos el huevo pasado por agua, distribuirlo por el plato y salarlo ligeramente. Después añadir el cebollino encima del bacalao, un poco de rúcula o brotes verdes y un hilo de aceite de oliva. Acabar coronándolo todo con dos triángulos de piel frita (opcional).

Observaciones y trucos

Este plato es algo más elaborado, pero vale la pena porque es un prodigio de delicadeza y de matices de sabores ácidos, salados y ahumados.

También es interesante la técnica de marinar el bacalao, que puede ser útil para otros platos más simples, como una ensalada.

La polenta

Se trata de un producto nutritivo, fácil de cocinar, versátil, muy sabroso y muy fácil de digerir. Está hecha con maíz, un cereal que contiene casi todos los aminoácidos esenciales, grasas, vitaminas, minerales y fibra. También es rico en betacaroteno, vitaminas del grupo B, magnesio, calcio, potasio, manganeso, zinc o selenio.

Nos ayuda a mantener estables los niveles de azúcar en la sangre porque contiene hidratos de carbono de asimilación lenta, que nos proporcionan energía de manera constante y estable. Para prepararla debemos hervirla con agua o caldo: la proporción correcta es de cuatro partes de líquido por una parte de polenta en seco. La ración normal para una persona sería la que nos cabe en una taza de café. Hervir tres partes de agua, poner sal, añadir la polenta poco a poco, después la última parte de agua e ir removiendo con unas varitas metálicas para que no se nos formen grumos, durante 8 minutos aproximadamente, hasta que la polenta haya absorbido todo el líquido. Cuando se enfría tiene una consistencia gelatinosa y por eso es ideal para usarla como base para pasteles salados e incluso dulces.

¿Qué es el té ahumado?

El té ahumado lo podéis encontrar prácticamente en cualquier comercio de tés donde hagan bien las cosas. Es un té negro con sabor ahumado y picante que proviene del sur de China. El más habitual es el Lapsang Souchong, pero también podéis encontrar el Russian Caravan, más suave porque es una mezcla de Lapsang y de té negro de calidad, pero sin ahumar. El Lapsang es un té estimulante, pero no tanto como otros tés negros porque está hecho con la variedad Souchong, que son las hojas maduras del brote de té y que contienen menos teína.

Según la tradición y como otras muchas cosas buenas de la vida (el vino, el queso, el pan o la cerveza, por citar algunas), este té es el resultado de un accidente. Un productor chino de la provincia de Fujian vendió un gran lote de té a un comprador occidental, pero justo antes de hacer la entrega se inundó su almacén. Para cumplir el trato, se vio obligado a secar las hojas de té a toda prisa sobre un fuego, y estas se impregnaron del aroma del humo. El comprador se quedó tan encantado con este té que al año siguiente pidió el doble.

ESTOFADO DE MARISCO CON DADOS DE POLENTA

60 g de polenta ecológica

Sal marina

Pimienta recién molida

Aceite de oliva

1 cebolla grande, picada en dados pequeños

½ cucharadita de semillas de hinojo trituradas

¼ de cucharadita de copos de pimienta roja o pimienta roja en polvo

500 g de tomates picados con su zumo

250 ml de vino blanco seco

2 cucharadas de pasta de tomate

2 tiras de piel de naranja

1 kg de almejas

250 g de gambas medianas o langostinos

250 g de vieiras

15 g de albahaca fresca cortada en láminas finas

PARA 4 PERSONAS

1 Preparar la polenta como se indica en el recuadro de la página anterior y, cuando todavía esté caliente, ponerla en una bandeja rectangular de aproximadamente 1 cm de grosor y esparcirla bien. Cuando se haya enfriado, después de unos 15 minutos, quedará sólida y se podrán hacer dados de 1 cm.

2 Limpiar las gambas y saltear las cabezas en una cazuela con un poco de aceite y sal unos minutos, a fuego fuerte. Después colar el líquido con un colador chino y reservarlo.

3 Saltear la cebolla en una cazuela con poco aceite y una pizca de sal, hasta que esté blanda, y después añadir las semillas de hinojo y los copos de pimienta roja. Cocerlo todo unos 2 minutos y poner también los tomates, el vino, la pasta de tomate y la piel de la naranja. Llevarlo a ebullición. Bajar el fuego y cocer a fuego lento hasta que la salsa se concentre bien, unos 8 minutos.

4 Subir el fuego y añadir a la cazuela las vieiras, las almejas, las gambas y el zumo de las cabezas que se ha reservado. Taparla y cocerlo todo hasta que los caparazones se empiecen a abrir, unos 4 minutos.

5 Servir el guiso en 4 tazones con los dados de polenta. Esparcir la albahaca y servirlo enseguida.

Observaciones

Podéis usar el caparazón y el marisco que prefiráis o que os podáis permitir; las gambas son más sabrosas que los langostinos y las vieiras realzan un poco el plato, pero no siempre están a nuestro alcance.

VIEIRAS CON COLES DE BRUSELAS Y JAMÓN

500 g de vieiras, con los músculos laterales retirados

375 g de coles de Bruselas, cortadas en rodajas finas o trituradas

3 dientes de ajo picados finos

2 lonchas delgadas de jamón, picadas

Sal marina y pimienta recién molida

1 limón

Aceite de oliva

PARA 4 PERSONAS

1   En una sartén grande saltear el jamón y el ajo con un poco de aceite de oliva a fuego medio-alto, unos 3 minutos.

2   Añadir las coles de Bruselas con un poco de sal y pimienta, hasta que las coles empiecen a coger un poco de color, unos 4 minutos.

3   Añadir el zumo del limón y cocerlo 2 minutos más.

4   Dorar las vieiras en una sartén con un poco de aceite y sal, 3 minutos por cada lado.

5   Poner las coles en un plato y disponer las vieiras encima.

CABALLA CON ESCABECHE DE LIMÓN

Una pequeña adaptación de una receta de la gran chef natural Montse Vallory

4 caballas sin espinas y cortadas por la mitad
2 cucharadas de zumo de limón
Hierbas frescas picadas (perejil, cilantro, etc.)
Aceite de oliva

Vinagre de arroz o de umeboshi
Ralladura de piel de limón ecológico
Rúcula, berro, lechuga, escarola u otras
verduras de hoja verde

PARA 4 PERSONAS

1   En un sartén bastante grande cubrir las caballas con la piel hacia arriba con aceite, hasta la mitad. Después añadir el zumo de limón.

2   Dejarlo confitar a fuego muy bajo y, cuando empiece a hervir, dejarlo cocer 3 minutos más.

3   Sacarlo del fuego y añadir las hierbas picadas y un chorrito de vinagre de arroz o de umeboshi. Removerlo todo con cuidado, moviendo la sartén y no el pescado.

4   Para servirlo, lavar las hojas verdes y cortar los rábanos en rodajas finas y ponerlas en un plato. Después poner la caballa con la piel hacia arriba, hacer una vinagreta con un poco del aceite del confitado y vinagre y regarlo todo.

Técnica Confitar

Confitar consiste en sumergir un alimento en una grasa, como el aceite de oliva, y cocerlo a baja temperatura (entre 60 y 90° C, dependiendo del alimento) durante un tiempo determinado. De este modo los ácidos grasos del aceite no se estropean, ni tampoco los nutrientes del alimento, en especial si se trata de un pescado azul, que también tiene ácidos grasos sensibles a temperaturas altas. Para saber la temperatura exacta podéis comprar un termómetro de cocina o usar otro método casero: sumergir ajos en el aceite y cuando empiecen a burbujear bajar el fuego al mínimo. Esta técnica también permite una cocción más lenta de la proteína, de forma que el alimento se vuelve más meloso. Se usa mucho para bacalao, que necesita una temperatura de entre 60 y 70° C. El único inconveniente que tiene es que requiere mucho aceite, pero después lo podemos reutilizar para otras preparaciones (recordando, de todos modos, que habrá quedado impregnado de los aromas y los sabores del alimento que hemos cocinado).

Observaciones

La diferencia entre el vinagre de arroz y el umeboshi es el sabor: el primero es más ácido y el segundo es mucho más salado.

La caballa es un pescado azul muy saludable, rico en ácidos grasos omega-3 y, además, extremadamente económico. El único problema que puede tener, especialmente para los niños, son las espinas. Por eso es importante sacarlas con cuidado.

cereales y hortalizas ———

ARROZ BASMATI CON VERDURAS

1 taza de arroz integral basmati

2 cucharadas de arroz salvaje

1 ½ taza de maíz ecológico sin azúcar

3 zanahorias

2 calabacines

Albahaca fresca

Aceite de oliva

3 cucharadas de piñones tostados

1 cucharada de ralladura de naranja

Sal marina

PARA 4 PERSONAS

1 Lavar bien el arroz y ponerlo en una cazuela con tres tazas de agua mineral y 1 cucharadita de sal. Con el fuego fuerte, llevarlo a ebullición, bajar el fuego al mínimo y taparlo; cocerlo durante unos 35 minutos.

2 Mezclar el calabacín con la sal en un bol y dejarlo reposar 30 minutos; después, enjuagar el calabacín y escurrirlo bien.

3 Cortar las zanahorias en dados pequeños y hervirlas solo 2 minutos con agua y sal.

4 Mezclar el arroz con la ralladura de naranja y las verduras y decorar con los piñones y la albahaca cortada bien fina.

PASTEL DE HOJALDRE CON ALCACHOFAS TIERNAS, PUERRO Y CHAMPIÑONES

450 g de alcachofas tiernas

300 g de puerros

300 g de champiñones

75 g de chalotes

2 dientes de ajo picados

125 ml de crema de avena

175 g de queso azul

1 cucharada de perejil

1 lámina de pasta de hojaldre

1 huevo

Aceite de oliva

Sal y pimienta negra

PARA 4 PERSONAS ————————————————————————————————————

1   Calentar el horno a 200° C.

2   Saltear los chalotes con el ajo triturado en una sartén con un poco de aceite de oliva, hasta que se empiecen a dorar.

3   Pelar las alcachofas y limpiar los puerros y los champiñones. Cortar todas las verduras en trozos de aproximadamente 1 centímetro.

4   Saltear las verduras con un poco de aceite durante 10-15 minutos, hasta que estén blandas.

5   Sacarlas del fuego y reservarlas. Añadir la crema de avena, el perejil y el queso desmenuzado y mezclarlo todo. Salpimentarlo si hace falta.

6   Ponerlo todo en un molde redondo.

7   Colocar la lámina de hojaldre en el molde, cortando las partes que sobren. Hacer un agujero en medio.

8   Pincelar el hojaldre con el huevo batido y hornearlo todo durante 20 minutos a 190-200° C, hasta que esté dorado.

PASTELITOS DE PATATA GRATINADOS

4 cebollas medianas

1 huevo grande

Sal marina

Pimienta negra

1 kg de patatas del bufet

1 cucharada de harina de garbanzos

Aceite de oliva

PARA 4 PERSONAS

1 Cortar las cebollas en rodajas pequeñas y mezclar una taza y media de cebollas con el huevo, la sal y la pimienta en un bol grande.

2 Lavar, pelar y cortar las patatas en trozos de unos 2,5 cm. Triturarlas con la cebolla restante con un robot o una batidora hasta que sea casi un puré; si hay trozos que no han quedado totalmente triturados no pasa nada.

3 Incorporar este puré en la mezcla del huevo y añadir la harina de garbanzos. Mezclarlo todo bien.

4 Calentar unas 4 cucharadas de aceite de oliva en una sartén y formar pastelitos de unos 10 cm de diámetro con la mezcla de patata y harina.

5 Cuando el aceite esté caliente, añadirlos y freír unos 4 minutos por cada lado. Repetir la operación hasta que estén hechos todos los pastelitos.

6 Calentar el horno a unos 220° C y hornear los pastelitos hasta que estén crujientes, unos 6 minutos por cada lado.

Harina de garbanzos

Cuando la harina de garbanzos se mezcla con un líquido este se vuelve cremoso y sirve para ligar y para cohesionar masas. Por ejemplo, los veganos lo usan en lugar del huevo para hacer una tortilla de patatas. También sirve para espesar salsas o guisos, para rebozar o para añadir al pan o a una *quiche* hecha en casa. Además, es muy útil para celíacos porque es un buen sustituto de la harina de trigo y no contiene gluten. Se puede usar para rebozar alimentos, en especial verduras, como lo hacen en India con las *pakoras*, un tipo de buñuelos fritos hechos con verduras. En Argentina hacen *fainás* o *farinatas*, similares a las cocas pero con harina de garbanzos, aceite de oliva, pimienta y sal.

Desde el punto de vista nutricional, esta harina tiene propiedades similares a los garbanzos: contiene fibra, hidratos de carbono complejos, casi todos los aminoácidos esenciales, minerales y vitaminas.

ESPAGUETIS A LA SARTÉN CON KALE, TOMATE Y LIMÓN

400 g de espaguetis integrales (de espelta o kamut)

400 g de tomates cherry, cortados por la mitad

Piel de 2 limones

100 ml de aceite de oliva

2 cucharaditas de sal marina

400 g de kale o espinacas sin las partes más duras (como el tronco grueso)

Queso parmesano o vegano (opcional)

PARA 4 PERSONAS ───────────────────────────

1   Llevar a ebullición un litro y medio de agua.

2   En una sartén grande y honda, que tenga tapa, poner la pasta, los tomates, la piel del limón y el aceite de oliva.

3   Añadir un litro de agua hirviendo, tapar la sartén y esperar a que vuelva a hervir. Cuando hierva, retirar la tapa y dejarlo hirviendo a fuego lento durante 6 minutos; usar unas pinzas grandes para dar la vuelta a la pasta más o menos cada 30 segundos, mientras se cuece.

4   Cuando la pasta haya hervido durante 8 minutos, añadir la kale cortada en trozos y continuar la cocción de todo durante 2 minutos más. Cuando la mayor parte del agua se haya evaporado, retirar la sartén del fuego.

5   Repartir el contenido en 4 platos y decorar con una virutas de parmesano y perejil fresco.

✛ SUPERALIMENTO: KALE

Desde hace un tiempo, los interesados en alimentación saludable —y los que no, también— oyen hablar por todas partes de las propiedades de la kale. ¿Qué es y por qué se habla tanto y tan bien de ella? La kale —la col pluma, como se la conoce aquí— es una crucífera (como la col o el brécol) con una concentración muy elevada de nutrientes. Tiene mucha fibra, cantidades muy elevadas de hierro, calcio (más que la leche), vitaminas A, K (100 g contienen el 700% de la ingesta adecuada diaria) y C (120 mg de vitamina C por cada 100 g, el 130% de la dosis diaria recomendada) o de ácidos grasos omega-3. También es muy rica en fitoquímicos, en especial sustancias antioxidantes como los carotenos y los flavonoides.

La mejor época para comerla es entre noviembre y marzo. Para conservarla tenemos que guardarla en la nevera, sin lavar, dentro de una bolsa de plástico. Es uno de los ingredientes estrella de los famosos zumos verdes, pero también se puede cocinar y usar como una col convencional. Realmente se trata de un alimento magnífico, pero, como con el resto de superalimentos, no puede sustituir una dieta equilibrada y variada.

PIZZA CON HIGOS, QUESO DE CABRA Y RÚCULA

Masa de pizza (ver la receta en la página siguiente)

400 g de higos frescos cortados a cuartos

1 cebolla roja cortada en dados bien finos

2 cucharadas soperas de romero

100 g de queso de cabra

4 cucharadas soperas de piñones

200 g de rúcula

2 cucharadas de melaza de arroz

2 cucharadas de vinagre balsámico

2 cucharadas soperas de aceite de oliva

PARA 4 PERSONAS

1   Calentar el horno a 220 °C.

2   Saltear la cebolla con el aceite, la melaza y el vinagre balsámico hasta que haya caramelizado. Cuando esté hecho, añadirle el romero.

3   Pincelar un poco de aceite en una bandeja de horno y poner la masa de pizza.

4   Repartir la cebolla encima de la pizza y después poner los higos, el queso y los piñones.

5   Hornear durante unos 12 minutos.

6   Para servir, decorar con las hojas de rúcula.

MASA DE PIZZA INTEGRAL DE KAMUT

1 cucharada de levadura ecológica

750 cl de agua caliente

1 kg de harina de kamut

2 cucharadas de aceite de oliva

2 cucharaditas de sal marina

---

1 Poner la levadura en un bol con el agua caliente y dejarla 10 minutos.

2 Mezclar la sal y la harina con la levadura y batir con una cuchara de madera hasta que se eliminen todos los grumos.

3 Amasarlo sobre una superficie enharinada durante 15 minutos. Golpear la masa contra la mesa de trabajo.

4 Poner la masa en un recipiente untado con aceite y cubrirla con un trapo. Dejarla hasta que haya duplicado su volumen (una hora y media aproximadamente). La masa tiene que quedar suave y elástica.

ÑOQUIS CON ALBAHACA, MENTA Y PIÑONES

350 g de hojas de espinacas
o de acelgas rojas

1 cucharada grande de albahaca picada

1 cucharada grande de menta picada

40 g de piñones

3 dientes de ajo

250 g de queso ricotta o similar

100 g de mozzarella

50 g de harina integral de trigo, espelta, *triticum* o kamut

2 huevos ecológicos, batidos

80 g de parmesano rallado
o manchego curado

Pimienta negra

Sal marina

PARA UNOS 25 ÑOQUIS

1 Lavar y enjuagar bien las espinacas o las acelgas; solo nos hacen falta las hojas. Escaldarlas en agua hirviendo, 1 minuto, y enfriarlas en agua helada. También se pueden hacer al vapor, 10 minutos.

2 Triturar la albahaca, la menta, los piñones y los ajos, bien finos, con la ayuda de un robot de cocina o una batidora, aunque también se puede hacer con un buen cuchillo, y ponerlo todo en un recipiente grande, tipo bol.

3 Eliminar el exceso de agua de las hojas de las espinacas o las acelgas, picarlas finas y mezclarlas bien con el resto de ingredientes en el bol, añadiendo la harina, el queso ricotta y la mozzarella, los huevos ligeramente batidos, la sal y la pimienta recién molida. Trabajar la masa hasta que los ingredientes queden bien integrados.

4 Encima de una superficie enharinada formar bolas de la medida de una nuez con las manos también enharinadas (para una técnica alternativa, ver la pàgina siguiente). Ponerlas en una bandeja vigilando que no se toquen, porque se podrían enganchar.

5 Poner agua con un poco de sal a hervir y añadir la mitad de los ñoquis, uno por uno, tapar y cocer unos 10 minutos.

6 Retirarlos con cuidado y ponerlos encima de un papel de cocina para eliminar el exceso de agua y repetir el proceso con los ñoquis que han quedado.

7 Poner los ñoquis en una bandeja y cubrirlos con el parmesano o el manchego rallado.

8 Gratinarlos unos 8 minutos, o hasta que el queso se haya fundido y se empiece a dorar.

9 Servirlos con un poco de aceite de oliva.

Observaciones y trucos

Podéis añadir todo tipo de verduras de hoja verde o aromáticas a la mezcla. El límite es vuestra imaginación (y el sentido común).

Los ñoquis piden salsas muy simples, como la de pesto o la de tomate.

Ñoquis de patata

Los ñoquis también se pueden hacer con una mezcla de harina y de patata; en este caso, la proporción es del doble de patata que de harina (por ejemplo, 300 g de harina y 600 g de patata). Mejor usar una patata vieja, que es más harinosa. Los huevos son opcionales. Tenéis que hervir las patatas hasta que se deshagan bien con la ayuda de un tenedor, y hacer un puré. Si queréis añadir huevo, ahora es el momento de hacerlo. Después vais añadiendo harina y vais trabajando la masa. Para hacer los ñoquis se forman unos cilindros sobre una superficie enharinada y se cortan piezas de unos 2 cm de largo por 1 cm de alto. Si os apetece, podéis hacerles unas rayas con un tenedor. Después se hierven en abundante agua salada, hasta que floten, y ya estarán cocidos.

COLES DE BRUSELAS ASADAS CON PATATAS Y AVELLANAS

200 g de coles de Bruselas

200 g de patatas

50 g de avellanas escaldadas

1 paquete de *tempeh* macerado

100 g de granada

2 cucharadas de melaza de arroz

½ cucharadita de copos de chile o de chile en polvo

PARA 4 PERSONAS

1 Calentar el horno a 180° C.

2 Cortar el *tempeh* en dados medianos y dorarlo en una sartén con aceite de oliva. Reservarlo.

3 Cortar las coles por la mitad y las patatas en octavos, de forma que tengan más o menos la misma medida que las coles.

4 Poner las coles y las patatas en una bandeja para el horno. Esparcir los copos de chile encima, sal, pimienta y un hilo de aceite de oliva y hornear unos 30 minutos, hasta que se empiecen a dorar.

5 Añadir las avellanas previamente escaldadas unos 2 minutos y cocerlo todo unos 8 minutos más.

6 Después, poner la melaza por encima, mezclarlo todo con las granadas, esparcir el *tempeh* y servirlo.

FRITTATA DE CHAMPIÑONES, QUESO DE CABRA Y HIERBAS

2 cucharadas de aceite de oliva

2 chalotes picados muy finos o 1 cebolla mediana

1 taza de champiñones cortados en trozos medianos

1 cucharadita de tomillo fresco
o ½ cucharadita de tomillo seco

1 cucharadita de orégano fresco molido
o ½ cucharadita de orégano seco

¼ de cucharadita de copos de chile

Sal

Pimienta negra

10 huevos grandes ecológicos

3 cucharadas de crema de arroz o de avena para cocinar

125 g de queso de cabra desmenuzado

45 g de parmesano rallado

PARA 4 PERSONAS

1   Pincelar un poco de aceite de oliva en una sartén apta para el horno y saltear los chalotes o la cebolla. Cuando empiecen a dorarse añadir los champiñones, el tomillo, el orégano y los copos de chile, con un poco de sal y pimienta.

2   Saltearlo todo unos 5 minutos y reservarlo.

3   Batir los huevos y la crema con una pizca de sal y una de pimienta. Después, mezclar la mezcla de champiñones, hierbas y chalotes, añadiendo el queso.

4   Calentar la sartén con un poco de aceite (un par de cucharaditas) y cuando esté caliente echar la mezcla de los huevos con los otros ingredientes.

5   A medida que se vayan coagulando los extremos, levantarlos con la ayuda de una espátula e inclinar la sartén de forma que el huevo del centro que todavía está crudo pase a los extremos. Estará listo después de unos 10-15 minutos, cuando los extremos estén bien cocidos y el centro todavía no haya terminado de coagularse.

6   Espolvorear con un poco de parmesano y hornear al grill, unos 2 minutos.

7   Poner la *frittata* en un plato y dejarla enfriar unos 10 minutos antes de servirla.

RISOTTO DE CEBADA CON HORTALIZAS

5 cucharadas de aceite de oliva

300 g de champiñones cortados finos

1 zanahoria grande, pelada y cortada fina

1 puerro, la parte blanca y la verde más clara, cortado fino

1 diente de ajo cortado fino

3 cucharadas de harina de garbanzos

2 cucharadas de pasta de tomate o 4 de tomate triturado

½ copa de vino tinto

560 ml de caldo vegetal

280 g de tomates cortados en dados, sin piel ni semillas

1 cucharada de miel

½ cucharadita de romero

Sal marina y pimienta

220 g de cebada perlada o integral

185 g de brécol

45 g de parmesano recién rallado

PARA 4 PERSONAS ──────────────────────────

1 Pincelar una cazuela con un poco de aceite de oliva y saltear durante unos 10 minutos los champiñones, las zanahorias y el puerro. Añadir la harina de garbanzos y el tomate triturado o la pasta de tomate y remover bien hasta que la harina quede bien integrada, aproximadamente 1 minuto.

2 Añadir el vino y cocerlo todo a fuego lento unos 2 minutos. Añadir el caldo, los tomates y su zumo, la miel, el romero y una pizca de sal y pimienta y removerlo todo bien.

3 Llevarlo a ebullición y añadir la cebada. Tapar y bajar el fuego. Si la cebada es perlada, cocerla una hora; si es integral, 90 minutos.

4 Después, poner el brécol y cocerlo unos 10 minutos más.

5 Añadir el queso parmesano, mezclarlo todo bien y servirlo.

PIZZA INTEGRAL CON PUERROS Y ALCACHOFAS

Masa de pizza (ver la receta en la página 126)
3 puerros grandes
1 cucharadita de tomillo fresco picado
2 cucharadas de vino blanco seco
185 g de corazones de alcachofa
Sal marina y pimienta recién molida
250 g de queso de oveja o de cabra
Aceite de oliva

PARA 4 PERSONAS ———————————————————

1 Formar un rectángulo o un óvalo de unos 20 x 30 cm con la masa de la pizza y precocinarla al horno a 220° C unos 5 minutos.

2 Lavar bien los puerros, cortar la parte blanca en rodajas finas y saltearlas en una sartén con un poco de aceite y sal, unos 10-12 minutos, hasta que estén bien blandas y empiecen a dorarse. Al final de la cocción añadir el tomillo. Cortar en rodajas muy finas la parte verde del puerro y reservarlas.

3 Añadir el vino y continuar la cocción unos 2 minutos más.

4 Añadir los corazones de las alcachofas cortados en láminas y cocerlo 3 minutos más. Salpimentarlo.

5 Repartirlo todo encima de la masa de pizza precocinada, añadiendo el queso, y hornear la pizza a 220° C unos 10 minutos, hasta que el queso se funda.

TALLARINES *SOBA* CON ESPÁRRAGOS, SHIITAKE Y WAKAME

2 cucharadas de alga wakame deshidratada

2 cucharadas de tamari (salsa de soja)

2 cucharadas de vinagre de arroz

2 cucharadas de melaza de arroz

1 cucharada de miso blanco

Aceite de sésamo tostado o normal

250 g de fideos *soba*

Aceite de oliva

2 cucharaditas de jengibre fresco rallado fino

1 diente de ajo bien picado

375 g de espárragos verdes sin los extremos duros

90 g de setas shiitake, cortadas en láminas finas

PARA 4 PERSONAS

1   Hidratar el alga wakame en un recipiente con agua durante 5 minutos. Escurrirla eliminando bien el exceso de agua, cortarla fina y reservarla.

2   En un bol pequeño, mezclar la salsa de soja, el vinagre de arroz, el miso blanco, la melaza y el aceite de sésamo.

3   Hervir los fideos *soba* con agua y sal unos 4 minutos, hasta que estén tiernos. Escurrirlos y enjuagarlos con agua fría.

4   En una sartén, saltear el jengibre y el ajo con un poco de aceite de oliva, unos 30 segundos. Después añadir las setas y los espárragos cortados en trozos de unos 4 cm de largo y saltearlos durante 1 minuto. Añadir 30 ml de agua, tapar la sartén y cocerlo todo unos 2 minutos.

5   Destapar la sartén, retirarla del fuego y añadir los fideos escurridos y la mezcla de salsa de soja, mezclándolo todo bien.

6   Servirlo en tazones o platos hondos, decorando los fideos con la wakame. Se puede servir tanto caliente como frío.

Observaciones

Los fideos *soba* se hacen con harina de trigo sarraceno o una mezcla de trigo sarraceno y trigo.

Es necesario cocerlos enseguida, porque si no se enganchan y son incómodos de comer.

SEITÁN CON ESPÁRRAGOS

2 paquetes de seitán de 250 g
2 cebollas medianas
1 diente de ajo
La parte blanca de un puerro

½ taza de almendras (en remojo toda la noche)
1 manojito de espárragos verdes
Sal marina y pimienta recién molida

PARA 4 PERSONAS ───────────────────────────────

1 Cortar las cebollas en medias lunas y la parte blanca del puerro en rodajas finas; picar el diente de ajo muy fino. Saltearlo todo en una cazuela con poco aceite y una pizca de sal, unos 12 minutos, a fuego medio-bajo, hasta que la cebolla esté transparente y se empiece a dorar.

2 Cortar el seitán en filetes y dorarlos por ambos lados en una sartén con un poco de aceite. Reservarlos.

3 En una sartén, poner las almendras, el seitán y la cebolla, el puerro y los ajos, con medio dedo de agua. Dejar que hierva unos 10 minutos.

4 Mientras tanto cortar el extremo más duro de los espárragos (unos 5 cm) y escaldarlos en agua hirviendo con sal 2 minutos. Después, ponerlos a enfriar con agua con hielo.

5 Añadir los espárragos al seitán, calentarlo todo un par de minutos y servirlo.

Tres alternativas a la carne

Es muy importante reducir de la dieta la ingesta de carne roja y carne procesada, como los embutidos, tanto por temas de salud como por cuestiones medioambientales. Una vez tomada esta determinación, la duda es siempre la misma: ¿Con qué la sustituimos? Os propongo cambiar la carne por tres alternativas que proporcionan proteínas de calidad. Primera, el tofu, la proteína vegetal más conocida. Tiene fama de tener poco sabor, pero es que hay que saber cocinarlo. Lo mejor es comprarlo fresco, que es más económico, y macerarlo con una mezcla de hierbas aromáticas, tamari y ajo, durante una hora como mínimo. También es importante recordar que no se debe comer crudo, porque, además de tener mal sabor, es indigesto.

Segunda, el seitán, que es un producto que tradicionalmente han usado los vegetarianos para sustituir la carne, tanto desde el punto de vista nutricional como culinario. Suele tener mucho éxito por su buen sabor y es muy fácil de cocinar: de hecho, se cocina igual que la carne. Los celíacos, sin embargo, no lo pueden comer, porque está elaborado con gluten de trigo. El seitán contiene todos los aminoácidos esenciales, pero poca lisina. De todos modos, la mayoría de productores lo cocinan con salsa de soja y de este modo compensan el déficit de este aminoácido. Contiene 20 g de proteína por cada 100 g de producto, no contiene grasas saturadas y es rico en hierro.

Tercera, legumbre y cereal. Se trata de una combinación clásica, transcultural y económica, que nos proporciona proteínas de alto valor biológico, porque los aminoácidos de un alimento complementan los del otro (las proteínas están hechas de aminoácidos).

PASTEL DE MIJO CON VERDURAS

½ romanesco cortado en flores pequeñas

3 cebollas cortadas en medias lunas

2 zanahorias cortadas en dados pequeños

1 nabo pequeño cortado en dados pequeños

1 taza de mijo lavado

4 tazas de agua mineral

1 hoja de laurel

Sal marina

Aceite de oliva ecológico

Perejil picado fino

PARA 4 PERSONAS

1   Saltear la cebolla en una cazuela con un poco de aceite y sal marina, unos 12 minutos, a fuego medio-bajo, hasta que se empiece a dorar.

2   Lavar bien el mijo y reservarlo.

3   Poner las otras verduras en la cazuela con la cebolla y el mijo, un poco de sal marina, el laurel y las cuatro tazas de agua. Llevarlo a ebullición, tapar la cazuela y bajar el fuego. Hervirlo unos 25-30 minutos, hasta que el mijo haya absorbido toda el agua.

4   Sacar el laurel y ponerlo todo en una fuente de vidrio. Aplastarlo bien con la ayuda de una cuchara, para que quede bien compactado.

5   Dejar que se enfríe un poco. Servir el pastel con perejil picado.

Observaciones

Podéis terminar el pastel gratinándolo con queso o almendras picadas.

El romanesco es una crucífera que se encuentra a medio camino entre la coliflor y el brécol, pero es una variedad de la col verde italiana. Si no lo encontráis podéis usar coliflor o brécol sin ningún problema.

CROQUETAS VEGETALES DE ARROZ

1 cebolla

1 zanahoria

1 puerro

1 tallo de apio

2 dientes de ajo

125 g de garbanzos triturados

75 g de arroz integral cocido

1 cucharadita de tamari

1 cucharadita de semillas de sésamo

1 huevo batido (opcional)

Perejil picado

Pan rallado

Aceite de oliva ecológico

Sal marina

Pimienta recién molida

PARA 12 CROQUETAS

1 Cortar las verduras en trozos muy pequeños y saltearlas con un poco de aceite y sal unos 12 minutos, empezando por la cebolla y el puerro.

2 En un bol grande mezclar los garbanzos, el arroz, las verduras, el tamari, las semillas de sésamo y el perejil acabado de picar, con un poco de sal y pimienta.

3 Con la masa que se ha obtenido, formar croquetas y rebozarlas bien con pan integral rallado.

4 Reservarlas en la nevera unas 24 horas.

5 Freírlas con aceite o hornearlas a 200° C, hasta que estén doradas.

Observaciones

Si os cuesta que queden compactas, podéis añadir un poco de pan triturado a la masa, y en este caso el huevo es imprescindible.

QUINOA CON AJO, CEBOLLA Y DADOS DE ZANAHORIA

1 taza de quinoa lavada
1 cebolla
1 diente de ajo
2 zanahorias medianas peladas y cortadas en dados
Sal marina

PARA 4 PERSONAS

1 En una cazuela, poner la quinoa a hervir con 2 tazas de agua y una pizca de sal, a fuego fuerte. Cuando hierva de lo lindo, tapar la cazuela y bajar el fuego al mínimo. Cocerlo durante 20 minutos, hasta que la quinoa haya absorbido toda el agua de la cocción.

2 Mientras tanto, cortar la cebolla en dados muy pequeños y triturar el ajo. Saltearlo en una sartén con un poco de aceite unos 5 minutos y después añadir la zanahoria, 5 minutos más.

3 Mezclarlo todo con la quinoa y servirlo con un poco de perejil picado esparcido por encima.

Observaciones y trucos

La verdura que acompañe este plato puede ser la que os apetezca más. La cebolla y el ajo, sin embargo, darán aroma y sabor a la quinoa.

Si queréis tener perejil a mano siempre, podéis triturar una buena cantidad un día que tengáis tiempo y lo congeláis dentro de una fiambrera.

ARROZ CALDOSO VERDE CON CALABACÍN

3 tazas de arroz integral cocido

3 cebollas cortadas en medias lunas

3 tazas de calabaza cortada en dados medianos

1 nabo o una chirivía cortado en dados

2 calabacines cortados en medias rodajas gruesas

½ hoja de nori

Albahaca seca

4 hojas de albahaca fresca

2 tazas de leche de arroz

3 tazas de agua

Aceite de oliva

Sal marina

PARA 4 PERSONAS

1 Saltear las cebollas en una cazuela con un poco de aceite y sal marina unos 12 minutos, a fuego medio-bajo.

2 Añadir a la cazuela las zanahorias, el nabo, el alga, el agua, la leche de arroz, la albahaca seca y una pizca de sal. Esperar que hierva, bajar el fuego al mínimo, taparlo y cocerlo unos 15 minutos.

3 Añadir el arroz cocido y removerlo bien.

4 Poner la calabaza y cocerla 2 minutos.

5 Decorar con la albahaca fresca y el alga nori cortada fina, y servir el plato.

AGRADECIMIENTOS

Gracias a la editorial Lectio por confiar en mí; a la Agencia Silvia Bastos y a Carlota Torrents, en particular, por su mano izquierda y su paciencia con mis *tempos*; a mis profesores del máster de Nutrición y Salud de la Universitat Oberta de Catalunya; a todos y cada uno de los chefs que me han hecho disfrutar con sus platos y me han hecho amar la gastronomía, y a mis hijas, Laura, Alex y Beth, conejillos de Indias de mis inventos desde hace muchos años, quienes por culpa de este libro se han encontrado que a veces volvían a casa y la comida todavía no estaba a punto: paradojas de la vida.